KB041898

예기 · 악기
禮記 · 樂記

예기·악기
禮記·樂記

작자 미상
·
한흥섭 옮김

책세상

일러두기

1. 이 책은 《예기禮記》 가운데 〈악기樂記〉를 온전히 옮긴 것이다. 이하 《예기·악기禮記·樂記》로
   표기한다.

2. 원문은 완원阮元이 교각校刻한 《십삼경주소十三經注疏》의 《예기주소禮記注疏》를 원본으로
   삼고, 구두점을 표시한 《사기·악서史記·樂書》를 참조하여 교감校勘한 채중덕蔡仲德 주역注譯
   《중국 음악 미학사 자료 주역中國音樂美學史資料注譯》, 상권(北京 : 人民音樂出版社, 1995)을 저
   본으로 삼았다. 그 외에 김승룡 편역주, 《악기집석樂記集釋》 전2권(청계, 2002)과 조남
   권·김종수 옮김, 《악기》(민속원, 2001)를 참조했다.

3. 원문 번역은 《중국 음악 미학사 자료 주역》을, 소제목은 《악기집석》을, 주해는 《중국 음
   악 미학사 자료 주역》, 《악기집석》, 《악기》를 주로 참조·인용했다.

4. 《예기·악기》 11장의 차례는 원문과 달리 《중국 음악 미학사 자료 주역》의 안배가 적절
   하다고 보아 이를 따랐다.

5. 번역문을 한글로 읽어서 뜻이 자연스럽게 통하지 않는 부분은 의역했다.

6. 원문을 이해하는 데 필요하다고 생각되는 내용은 〔 〕 안에 넣어 보충했다.

7. 주는 모두 옮긴이주다.

8. 주요 인명과 책명, 용어는 처음 한 번에 한해 원어를 병기했다.

9. 고대 문헌의 경우 책명과 편명은 《 》 안에 넣되 가운뎃점을 찍어 구분했다. 장명은 " ",
   악명은 〈 〉로 표시했다.

10. 맞춤법과 외래어 표기는 1989년 3월 1일부터 시행된 〈한글 맞춤법 규정〉과 《문교부
    편수자료》, 《표준국어사전》(국립국어연구원, 1999)을 따랐다.

해제 — 고대 동아시아 예악 사상의 총결, 《예기·악기》

우리의 국악('한국 전통 음악'의 준말)은 대다수 현대인, 특히 젊은 층에게 외면당하고 있다. 이유는 간단하다. 국악이 아프리카 오지의 음악만큼이나 낯설기 때문이다. 들어보지도 배우지도 않았으며, 또 듣고 배웠다 하더라도 그들의 욕망을 채우기에는 무언가 부족하기 때문이다. 그들에게 국악은 낯설고 현 시대와 동떨어진 재미없는 음악일 뿐이다. 따라서 초·중·고등학교 과정에서 체계적이고 실질적인 국악 교육이 이뤄지지 않았다든가, 현대인의 섬세한 도시적 감수성을 제대로 담아내지 못했다든가 하는 국악계에 쏟아지는 지적들은 어느 정도 타당하다. 그러나 보다 근원적인 이유는 국악에 담긴 또는 그 배경을 이루는 전통 문화와 전통 사상에 대한 몰이해에 있지 않을까?

어느 나라나 민족의 전통 문화를 이해하기 위한 접근 통로는 다양하다. 이 다양한 방법 중 각 문화의 고유한 전통 사상에 대한 이해가 전통 문화 이해를 위한 지름길임은 의심할

여지가 없다. 왜냐하면 전통 사상은 고유 문화의 뿌리며 바탕이기 때문이다. 그리스 철학이나 기독교 정신을 이해하지 못한 채 유럽 전통 문화를 올바로 말할 수 없다. 마찬가지로 동아시아에서 유교, 불교, 도교를 이해하지 못한 채 동아시아 전통 문화의 진수를 체득하기는 어렵다.

나아가 전통 사상을 이해하는 것은 한 나라나 민족의 정체성과 자긍심을 확인하고 강화하는 데 필수적인 요소이기도 하다. 21세기, 문화의 세기에 냉혹한 세계 경쟁 구도 안에서 각국이 자국 문화의 정체성과 자긍심을 확립하기 위해 전통 사상에 주목하는 이유도 바로 여기에 있다. 사정이 이쯤 되니 자국 음악의 사상적 배경에 대한 인식의 결여는 곧 자문화의 기피나 비하, 왜곡 심지어는 타문화로의 예속 가능성을 의미한다고 해도 과언이 아니다.

대다수 현대의 한국인에게 국악은 대체로 '지루하고 단조로운' 음악이다. 그러나 과연 이렇게 단정해도 좋은가? 혹시 이런 선입견은 서유럽과 미국 중심의 서양 음악을 기준으로 국악을 바라보기 때문에 생긴 것은 아닌가? 서양 음악을 음악의 판단 기준으로 '당연하게' 여긴다는 것 자체가, 이미 서양 음악을 보편적 가치로 인정하고 우리 혹은 제3세계의 음악은 특수적(지역적) 가치를 지닌 것으로 바라보기 때문이다. 즉 전 세계 음악 문화의 다양성(다양한 가치)을 인정하고 존중하는 것이 아니라, 패권적 문화 강대국의 일방적인 논리가 반영된 것이다.

물론 서양 음악에서 받는 미적 감동, 거기에 내포된 음악적 보편성(우수성과 다수성)을 부인하지는 않겠다. 그러나 국악이 지닌 음악적 특수성(지역성과 소수성)에도 이미 서양 음악이 지닌 음악적 보편성의 가능성이 내포돼 있음을 지적하고 싶다. 외국인들이 국악에서 미적 감동을 받는다는 것을 증명하는 사례는 얼마든지 있다. 예를 들어 전 세계에 형성되어 있는 김덕수 사물놀이패의 열광적인 팬클럽인 '사물노리안 Samulnorian'이라든가, 국악 가운데 '종묘제례악宗廟祭禮樂'[1]이 2001년 세계문화유산으로 등재된 사실 등이 이를 입증한다.

그럼에도 우리는 우리의 전통 음악을 우리의 가치관이나 세계관으로 이해하지 않고 타자의 그것으로 이해하고 평가할 뿐이다. 이 경우 전통 음악에 대한 왜곡과 오해는 필연적일 수밖에 없다. 이러한 형국이 서양의 양의학을 기준으로 동아시아의 한의학을 평가하는 것이나, 서양 철학의 방법론이나 연구 대상, 역할 등의 잣대로 동양 철학을 재단하는 것과 무엇이 다르겠는가! 하지만 양의학과 한의학의 차이란 기본적으로 인간의 몸에 대한 해당 범주권의 총체적 이해나 관점 즉 전통 사상의 차이를 말하며, 동양 철학과 서양 철학의 사고방식 차이 역시 여러 요인이 있겠으나 그 지역의 풍토나 자연환경 등이 해당 지역인의 삶에 각기 다른 가치관과 세계관을 부여했기 때문이다. 따라서 이런 점을 염두에 두면 각 지역마다 전통 사상이 다르고, 전통 사상이 다르면 각 지역의 전통 문화의 양상 역시 달라지는 것은 자명한 사실이다. 따라서 전통 사상에 대한 올바른 인식은 전통 사상에서 비롯된 전통 문화를 정당하게 이해하기 위한 선결 요건이며, 나아가 우리 안에 부지불식간 만연되어 있는 오리엔탈리즘Orientalism(서양의 동양을 지배하려는 욕망과 방식에서 비롯된 동양에 대한 우월감, 편견, 왜곡, 환상 등)을 극복하기 위한 근원적 처방이기도 하다.

그렇다면 이제 '지루하고 단조로운' 음악의 대명사가 되어버린 국악의 사상적 배경에 대해 알아보도록 하자. 우리나라는 상고 시대부터 동아시아의 일원으로, 삼국 시대 무렵부터 19세기 말 서구 문물을 받아들이기 전까지 중국을 중심으로 한 동아시아의 음악 문화와 긴밀한 관계를 맺어오면서 우리의 독자적인 음악 문화를 형성·발전시켰다. 이처럼 한국의 전통 음악은 한국 전통 문화의 소산이고 반영인 동시에, 넓게는 동아시아 음악 문화 전통의 흐름과 맥을 같이한다.

그런데 당시 동아시아의 음악 문화를 주도한 지배 계층의 음악관은 오늘날 우리가 생각하는 심미적 즐거움을 주는 예술 장르로서의 음악보다 훨씬 더 광범위하고 독특한 의미를 지닌 어떤 것, 즉 '예악 사상禮樂思想'과 긴밀히 연계되어 있었다. 또한 '음악音樂'이라는 용어도 서구 문물이 유입되기 전의 동아시아에서는 거의 사용되지 않았다. 다만 악가무樂歌

舞(악기 연주, 노래, 춤) 일체로서의 '악樂'이라는 용어가 지배 계층의 주요 담론 대상이 되었고, 일반 백성의 음악은 대개 '성聲'이나 '음音', '성음聲音', '음률音律' 등으로 표현되었다. 특히 '악'은 오늘날의 음악(기악 음악과 성악 음악)도 포함하지만, 본질적으로 당시 지배 계층의 통치 이념이나 윤리 의식과 밀접하게 연관되어 있었다. 또 이를 표상하는 춤을 반드시 포함하며, 유가에서 이상적인 통치자라 할 수 있는 성인聖人[2]만이 창작하고 이해하는 예禮에 가까운 것이다.

따라서 당시의 악을 오늘날 우리가 생각하는 음악과 동일한 것으로 또는 매우 유사한 것으로 이해하고 해석하는 일은, 마치 고대 동아시아의 천자天子나 황제皇帝를 오늘날의 대통령과 같은 의미로 단순히 이해하고 해석하는 것과 같다. 한 나라나 집단의 최고 지도자라는 점에서는 동일할지 모르지만 그 권한이나 이미지는 크게 다르기 때문이다. 그러므로 당시 동아시아의 예악 사상을 토대로 한 음악 문화를 이해해야만, 비로소 우리 전통 음악의 고유성과 정체성을 확보할 수 있으며 그 진실에 접근할 수 있다.

그렇다면 예악 사상이란 무엇인가? 그 연원은 원래 기원전 11세기 고대 중국의 주周나라에서 발원한 제도와 문물로서의 예악 제도다. 종교성과 계급성을 지닌 당시의 전통적 예악 제도는 그 후 500여 년이 지나 공자孔子에 의해 인문학적 세례를 받는다. 이로써 예악 제도는 인간(주로 지배 계층)의 심신 수양과 통치에 불가결한 내면적이고 실천적인 덕목으로 그 사상성을 획득하게 된다. 따라서 예악 사상을 한 마디로 정의한다면 공자에서 비롯된 유가儒家가 인류의 도덕 질서 즉 정치 질서(신분 질서)의 틀로서의 '예'를 최고의 이상적 가치 체계로 설정해, 모든 사람이 예를 자연스럽게 따르고 받아들이도록 하기 위해 성인이 예와 더불어 제작한 악으로 교화함으로써 인류의 이상 사회를 실현시킬 수 있다는 믿음의 체계라고 할 수 있다. 따라서 그들에게 악은 이상화된 통치 이데올로기로서의 예를 실현하기 위한 이념적 도구일 뿐, 독자적인 의미와 가치를 지닌 것이 아니다. 그리고 당시 악의 개념 안에는 앞서 말한 바와 같이 악기樂器의 연주뿐 아니라 노래와 춤이 함께 있었고, 아울러 내용과 형식 모두 윤리·도덕적이어야 한다는 규범적인 성향이 매우 강했다. 그리고 여기서 말하는 악은 일반 민중이 즐기는 민속악이나 오락성(향락성)이 강한 궁중 연회악이 아닌, 궁중의 엄숙하고 경건한 의례성(전례성)이 강한 '아악雅樂' 또는 '고악古樂'을 뜻한다.

한편 이러한 예악 사상은 거의 2,500여 년간 중국 사회에서 지배적인 통치 문화 철학이자 음악 사상으로 군림해왔다. 우리나라의 예악 사상 역시 삼국 시대 무렵부터 조선 시대 말까지 궁중을 중심으로 같은 위치를 차지해왔다. 이러한 사상을 나타내는 음악 가운데 정악(아악)곡의 백미로 손꼽히는 〈수제천壽齊天〉을 비롯해 〈영산회상靈山會相〉, 〈여민락與民

樂〉, 〈보허자步虛子〉 등 기악 음악과, 시조時調, 가사歌詞, 가곡歌曲 같은 정가正歌 계통의 성악 음악, 그리고 종묘제례악과 문묘제례악文廟祭禮樂 같은 제례악 등이 오늘날까지 공연·연주되고 있다.

이처럼 아정雅正하고 정대正大하다는 의미를 지닌 정악은 우리 민족의 고아한 심성을 가장 잘 보여주는 음악이다. 조선 후기에 들어 정악은 크게 궁중 음악과 풍류방 음악으로 구분되는데 그 가운데 특히 궁중에서 공연되는 정악은 주로 왕과 왕족의 행사나 궁중 무용에서 반주로 쓰였다. 왕족과 관련된 행사는 엄격한 예의 절차를 따랐는데, 정악은 이러한 예에 장중함과 엄숙함을 더하고, 궁중 행사 때 무용 반주로써 화려하고 우아한 춤사위가 돋보이게 했다. 주로 느리고 장중하며 큰 변화가 없는 음악이다. 국가의 주요 제사 의례나 조회 의례에서 사용한 의례성이 강한 아악 역시 마찬가지다. 엄숙하고 장엄하기로 치면 정악보다 더했다.

그렇다면 이처럼 정악 계통의 음악이 느리고 큰 변화가 없는 이유는 무엇인가? 물론 각종 의례를 장중하고 엄숙하게 꾸미기 위해서겠지만 궁극적인 이유는 당대인들에게 음악은 사람의 마음을 올바르고 고상하게 하는 데 있었기 때문이다. 이러한 생각은 음악이란 사람들에게 즐거움을 주어야 하지만 그 즐거움이 지나쳐서는 안 된다는 뜻을 담고 있다. 음악이 심성에 미치는 깊은 영향을 잘 알고 있었던 그들은 음악을 통해 즐거움을 지나치게 추구하면 마음이 흐트러진다고 보았다. 그리고 이는 곧 그들이 가장 바람직한 인간상으로 꼽은 군자에 어울리지 않는 태도였다. 그들의 이 같은 생각이 집약적으로 드러난 음악이 바로 우리의 아악이며 정악이다.

그리고 이러한 입장은 앞서 말한 바와 같이 고대 중국의 공자에 의해 뚜렷이 강조되기 시작했다. 공자는 혼란스럽기 그지없었던 춘추전국春秋戰國 시대에 주나라의 예를 실현하기 위해 애썼다. 예를 실현할 수 있는 이상적인 정치 지도자로 군자를 제시하고, 제자들이 군자로 거듭나게끔 교육했다. 이처럼 예를 중시한 공자는 악도 항상 함께 논했다. 즉 예악을 통해 가장 이상적이라고 생각한 주나라의 지배 질서, 즉 신분 질서와 문화를 회복하고자 한 것이다.

그렇다면 공자로부터 비롯한 예악 사상에서 왜 예와 악을 함께 말한 것인가? 예가 당시 사회의 신분(계급) 질서를 엄격히 규정하여 차별화하고 서열화하는 역할을 한다면, 악은 이러한 차별화와 서열화를 장엄하게 수식하고 완화하는 작용을 하는 것으로 보았다. 신분 사회에서 예에 따른 규정이 경직화되면 계층 사이의 반목과 불화가 조성되리라고 본 것인데, 바꿔 말하면 악은 곧 지배 계층이 피지배 계층을 정서적으로 지배하고 동시에 포용하기 위한 제도적 장치였던 셈이다. 피지배 계층으로 하여금 자신이 피지배 계층임을 천지자연의 질서처럼 당연하게 그리고 천지만물의 조화처럼 즐

거이 받아들이도록 예로써 구별 짓고 악으로써 동화시키고
자 한 것이다. 예를 들면 황제, 제후, 대부, 일반 서민 등에게
는 각각의 신분에 맞게 엄격하고 상세하게 제정된 예와 악이
있으며, 그들의 모든 영역에 걸친 사회적 삶은 이러한 예와
악에 의해 규정되고 행사된다. 나아가 황제는 제후에게, 제
후는 대부에게, 대부는 일반 서민에게 이를 행함으로써 예를
통한 엄정한 신분 차별을 천지자연의 질서처럼 당연한 것으
로 여기도록 하고, 악을 통해 계층 간의 정감상 동화가 이루
어지는 것을 천지만물의 따뜻한 조화처럼 느끼게 한다. 이러
한 고도의 통치 문화 정책이 곧 예악 사상의 본질인 것이다.

이와 같은 예악 사상이 가지는 사회적 기능이라든가 형이
상학적 근거, 예와 악의 밀접성, 제작의 주체, 목적, 필요성
등을 집약적으로 논술한 저서가 바로《예기·악기禮記·樂記》
다. 고대 동아시아의 예악 사상을 총결해놓은 이 책은 지금
으로부터 대략 2,000여 년 전에 쓰였는데, 책 제목에서 알 수
있듯이 〈악기〉는《예기》 49편 가운데 한 편(19번째)에 속한
다. 이는 곧 예와 악의 불가분의 관계를 상징적으로 보여주
면서 동시에 악이 예에 부속되어 있음을 단적으로 드러낸다.
악에 대해 논한《악경樂經》은《예기》,《춘추春秋》,《시경詩經》,
《서경書經》,《역경易經》과 함께 전국戰國 시대 말에서 한대漢
代에 걸쳐 형성된 육경六經의 하나였으나,《악경》이 사라지
면서 그중 일부만이《예기》에 수록되었다.

국내에서 《예기·악기》를 번역·소개한 몇 권의 책이 있다. 옮긴이가 번역 작업을 하며 참조한 책 가운데 김승룡이 엮고 옮기고 주를 달아 설명한 《악기집석樂記集釋》이 가장 큰 도움이 되었다. 이 책의 미덕은 주로 직역을 하여 원문의 맛과 뜻을 직접 전한다는 데 있다. 또한 다양하고 풍부한 주해는 본문에 대한 명확하고도 깊이 있는 이해를 한층 더해준다. 하지만 나의 '천학비재'와 '과문'의 탓이기도 하겠지만, 축약된 문장이 많아서인지 현대적인 감각이나 어법으로는 쉽게 이해하기 어려운 대목이 적지 않다. 그래서 이 책에서는 가능한 한 한글로 읽어서 그 의미를 보다 평이하고 분명하게 드러내는 것을 번역의 제1원칙으로 삼았다. 이에 따라 함축적이고 형이상학적인 고어투 문장은 과감하게 현대어로 풀어 의역했다. 일장일단이 있으리라 본다. 따라서 기존 번역물과 상호 보완하여 읽어나가면 원문을 이해하는 데 좀 더 수월하리라. 하지만 본의 아니게 오역과 오해를 했거나 명쾌하게 옮기지 못한 애매한 구석이 여기저기 있을 것이다. 그러니 이 허름하고 누추한 번역으로 고대 동아시아 고급 문화의 정수인 예악을 올바로 이해하고, 나아가 우리의 고아한 전통 음악 문화에 대한 정체성과 자긍심을 확보하고 계승할 수 있기를 바라는 나의 소망은 얼마나 무모한가! 현명한 독자 여러분의 엄정한 질정과 해량을 구하고 또 구할 뿐이다.

옮긴이 한흥섭

예기·악기

제1장 악본[3]

1. 성·음·악의 정의[4]

　무릇 노랫소리[音][5]는 사람의 마음[6]에서 생기는 것으로,[7] 사람의 마음이 움직이는 것은 바깥 대상[사물, 사태, 현상]이 그렇게 만들기[바깥 대상의 자극을 받기] 때문이다. 마음이 바깥 대상에 감응하면 감정이 격동하여 반응을 일으켜 목소리[聲]가 되어 나타난다. 그리고 [서로 다르게 반응하여 나온] 각종 목소리가 서로 호응하면 [그 가운데] 다양한 변화가 일어나는데, 이러한 변화가 일정한 음률과 음조를 갖추면 노랫소리가 된다.[8] 그리고 여러 노랫소리로 조합되고 구성된 곡조를 악기로 연주하고, 다시 그 위에 간干·척戚·우羽·모旄[9]를 잡고 춤추는 것을 악이라 한다.[10]

2. 마음과 목소리의 상관성

악은 노랫소리로 구성된 것으로, 노랫소리의 근원은 사람의 마음이 바깥 대상에 감응하여 표현[반영]된 것임을 알 수 있다. 그래서〔바깥 대상에 감응한〕마음이 슬플 때 나오는 목소리[人聲]는 다급하면서도 가늘며,[11] 즐거울 때 나오는 목소리는 편안하면서 느긋하고,[12] 기쁠 때 나오는 목소리는 드높고도 자유로우며,[13] 노여울 때 나오는 목소리는 격렬하면서 준엄하다.[14] 또한 공경하는 마음일 때 나오는 목소리는 곧고 장중하며,[15] 사랑하는 마음일 때 나오는 목소리는 온화하고 부드럽다. 그러나 이러한 여섯 가지 마음은 사람의 본성에 고유한 것이 아니고, 바깥 대상에 감응하여 나온 결과다.

3. 예·악·형·정의 존재 이유

이런 까닭에[16] 선왕先王[17]은 무엇으로 백성을 감동시킬 것인지에 대해 매우 신중했다. 그래서 예로써 백성의 뜻을 이끌고, 악으로써 백성의 성정을 조화롭게 하며, 정령政令으로써 백성의 행위를 착착 들어맞게 하고, 형벌로써 백성의 간악함을 막았다. 이처럼 예·악·형刑·정政의 궁극 목적은 단지 하나니, 그것은 곧 백성의 마음을 하나로 모아 사회를 안정시키고 천하를 태평케 하려는 것이다.[18]

4. 음악은 정사와 통한다

무릇 노랫소리는 사람의 마음에서 생겨난다. 감정이 마음속에서 움직이면 목소리로 나타나고, 그 목소리가 규율에 들어맞고 조직을 형성하면 노랫소리가 된다. 따라서 잘 다스려지는 세상의 노랫소리는 편안하고 즐거운데 이는 정사政事가 순조로워 사람들 마음속에서 편안하고 즐거운 감정이 일어나기 때문이며, 어지러운 세상의 노랫소리는 원한과 분노를 담고 있는데 이는 정사가 정상이 아니어서 사람들 마음속에서 원한과 분노의 감정이 일어나기 때문이고, 망해가는 나라의 노랫소리는 슬프고 서러운데 이는 힘들고 고통스러운 백성들 마음속에서 [마찬가지로] 힘들고 고통스러운 감정이 일어나기 때문이다. 이로써 성음聲音의 도리는 정사와 매우 밀접한 관계가 있다는 것을 알 수 있다.

5. 궁·상·각·치·우의 상징성

가령 궁宮은 임금을,[19] 상商은 신하를,[20] 각角은 백성을,[21] 치徵는 일을,[22] 우는 사물을[23] 각각 상징한다고 하자.[24] 그래서 만일 이 오사五事가 모두 어지럽지 않다면 조화롭지 않은 음조는 없을 터이다. 그러나 만약 궁음이 어지러우면 음조가 산만해지는데 이는 마치 임금이 거만하고 횡포하여 현명한 신하를 멀리하는 경우와 같으며, 상음이 어지러우면 음조가 치우치는데 이는 마치 관리가 부패하여 나랏일이 위험에 빠지는 경우와 같고, 각음이 어지러우면 음조가 근심스러워지는데 이는 마치 백성의 원한이 도처에 감춰지는 경우와 같으며, 치음이 어지러우면 음조가 슬퍼지는데 이는 마치 많은 일로 괴로워하며 애쓰지만 아무 공이 없는 경우와 같고, 우음이 어지러우면 음조가 위태로워지는데 이는 마치 재물이 부족하여 국가에서 사용하기에 양이 부족한 경우와 같다. 〔이처럼 만약〕 오음이 모두 어지러워 서로 침범하면 매우 어그러진 '만음慢音'[25]이 되는데, 이러한 상태에 이르는 나라는 머지않아 멸망하게 된다.[26]

6. 난세의 음과 망국의 음

〔고대〕 정鄭나라와 위衛나라의 노랫소리는[27] 난세의 노랫소리이니 만음에 가깝다. 〔예전에 사연師涓[28]이 연주한〕 상간복상桑間濮上의 노랫소리는 〔은주殷紂 시절의〕 망국의 노랫소리이니[29] 이러한 노랫소리가 유행하는 나라는 반드시 정사가 혼란스럽고, 백성은 의지할 곳을 잃고 이리저리 떠돌게 되며, 군주를 속이고 개인적 이익을 도모하는 풍조가 성행하여 더 이상 제지할 도리가 없게 된다.

7. 군자라야 악을 알고, 악을 알면 예에 가깝다

무릇 음은 사람의 마음에서 생겨나고 악은 〔인륜을 포함한〕 사물의 이치와 서로 통한다. 이런 까닭에 짐승은 소리만 알고 음을 알지 못하며 보통 사람은 음만 알고 악을 모르며 오직 군자[30]만이 악을 안다. 그러므로 소리를 살펴서 음을 알고, 음을 살펴서 악을 알며, 악을 살펴서 정사의 득실을 아니,[31] 이와 같이 하면 나라 다스리는 이치가 갖추어진다. 그러므로 소리를 알지 못하는 자와는 더불어 음을 말할 수 없고, 음을 알지 못하는 자와는 더불어 악을 말할 수 없다. 악을 알면 예를 아는 상태에 가깝다. 예와 악을 터득한 상태를 두고 덕이 있다고 말하니, 이른바 덕이라는 것은 예악에서 얻음이 있음을 뜻한다.

8. 유음·유미 속에 담긴 선왕의 뜻

그러므로 악의 규모가 성대한 까닭은 성음聲音의 아름다움을 극진히 하기 위해서가 아니며, 사향食饗[32]의 예의 의식이 장중한 까닭은 맛의 아름다움을 극진히 하기 위해서가 아니다. 〔비유하건대 주대周代의 대제大祭 반주伴奏시에〕 청묘淸廟[33] 악장樂章에서 사용하는 악기인 슬瑟은 윗면에는 주홍색의 명주실을 누여서 만든 줄이 있고, 아래에 있는 양끝의 구멍은 서로 통해 있어 연주할 때 느리고 완만한 음조가 나오며,[34] 노래할 때 한 사람이 부르면 이에 응하는 사람이 많지 않은데도 오히려 끊이지 않는 여음餘音이 있다.[35] 또한 대제의 향연 예식을 행할 때는 맑은 물을 앞에 놓고, 제기祭器에는 날고기와 생선을 놓으며, 고깃국에는 양념을 넣지 않는데

도 오히려 다하지 않는 여미餘味가 있다. 이처럼 선왕이 예악을 만든 까닭은 결코 사람들의 입과 배, 귀와 눈의 욕망을 극도로 만족케 하기 위해서가 아니라, 오히려 그들을〔예악으로〕가르치고 이끌어서 좋음과 싫음을 절제하게 하여 사람의 올바른 길로 돌아오도록 하기 위해서다.[36]

9. 천리를 잃고 욕망이 다하니 크게 어지러워진다

사람의 마음은 바깥 대상에서 감동을 받지 않으면 고요한데, 이것은 타고난 본성〔性〕이다.[37] 바깥 대상에 감동을 받아 마음속의 지력智力과 감정이 움직여서 표현되는 일은 타고난 욕망이다.[38] 바깥 대상이 나타나면 지력이 그것을 인식하여 좋음과 싫음의 정감이 표현되어 나온다. 그런데 만일 마음이 좋음과 싫음의 정情에 대해 절제가 없고 또한 바깥 대상이 끊임없이 유혹하여 자신의 본성을 회복하지 못하면, '천리天理'를 완전히 상실하게 된다.[39] 바깥 대상의 유혹이 끊이지 않아 인간의 좋음과 싫음의 감정을 절제하지 못할 때 바깥 대상이 나타나면, 사람은 타락하여 짐승이 된다. 사람이 타락하여 짐승이 된다는 것은 하늘이 부여한 인간의 본성, 즉 천리가 완전히 상실되고 인간의 욕망이 방자해짐을 뜻한다. 그래서 거스르고 속이는 생각이 생겨나서 제멋대로 나쁜 짓을 마구 하게 되어, 강한 자가 약한 자를 협박하고, 다수의 사람이 소수의 사람에게 상해를 가하고, 총명한 자가 어리석

은 자를 속이며, 용기 있는 자가 겁쟁이를 괴롭히고, 병든 사
람이 치료받지 못하게 되고, 늙은이, 어린이, 고아, 자식 없는
사람들이 제자리를 얻지 못하게 되니, 이것이 대혼란의 화근
이다!

10. 예·악·형·정으로 왕도를 갖추다

이런 까닭에 선왕이 예악을 제정하여 사람들이 스스로 절
제하도록 했다. 예컨대 상복喪服이나 곡읍哭泣에 대해 규정한
것은 슬픈 일을 절제하기 위해서고, 종鍾이나 북〔鼓〕 등의 악
기와 방패나 도끼 등의 무구舞具에 대해 규정한 것은 즐거움
을 조절하기 위해서고, 혼인 관계의 예절에 대해 규정한 것
은 남녀를 구별하기 위해서며, 사향射鄕[40]·사향食饗[41]의 예절
에 관해 규정한 것은 교제를 단아하게 하기 위해서다. 예는
백성의 생각을 절제하고 악은 백성의 성정을 조화하며 정령
은 백성의 행위를 단정히 하고 형벌로 방비하니 예·악·형·
정, 이 네 가지[42]가 사방으로 두루 미쳐 어긋남이 없으면 왕
도王道가 완비되고 세상이 태평해진다.

제2장 악상 [43]

1. 소리와 마음의 상관성

무릇 간사한 소리〔奸聲〕가 사람을 감동시키면 거슬리는 기분이 응하고, 거슬리는 기분이 구체적 형상[44]을 이루면 지나친 즐거움〔淫樂〕이 생긴다. 올바른 소리〔正聲〕가 사람을 감동시키면 순조로운 기분이 응하고, 순조로운 기분이 구체적 형상을 이루면 조화로운 즐거움〔和樂〕이 생긴다.[45] 선창先唱과 화답和答이 서로 응답하고, 간사함과 올바름이 각기 그 부류로 돌아가니, 이로써 같은 부류끼리 서로 응하는 것이 만물의 공통된 성질임을 알 수 있다. 그러므로 군자는 타고난 성정을 보존하여 자신의 뜻을 온화하게 하고, 좋은 모범을 본받아 자신의 덕행을 이룬다. 그래서 음란한 성색聲色을 귀와 눈에 가까이 하지 않고, 간사한 예악을 마음에 닿지 않게 하며, 업신여기고 편협한 나쁜 습성이 신체에 물들지 않게 하여 귀, 눈, 코, 입, 마음, 외양이 모두 순조로운 기분에 따르게 되면 올바른 소리가 정당한 뜻을 얻게 된다.

2. 악에 표현된 만상의 상징성

그런 연후에야 비로소 성음으로 표현하고, 금琴과 슬로 연주하며, 방패와 도끼를 들고 춤을 추며, 우와 모로 꾸미고, 소簫와 관管으로 반주하여, 이러한 악무樂舞로 지극한 덕을 빛내며, 사기四氣[46]의 조화로움에 따라 만물의 이치를 드러내 널리 떨친다. 그러므로 악곡은 하늘처럼 청명하고, 땅처럼 광대하며, 악무는 사계절처럼 오고 가며 바람과 비처럼 빙빙 돈다. 오음으로 구성된 곡조는 오행五行처럼 조금도 문란하지 않고, 악기의 조화로운 음률은 팔풍八風[47]처럼 서로 침범하지 않으며, 리듬이 횟수에 맞는 것은 마치 밤과 낮처럼 일정한 규칙이 있다. 율려律몸는 금방 서로 궁宫이 되고,[48] 오음은 서로 시작과 끝이 되며,[49] 선창이 있으면 화답이 있고, 맑음과 탁함이 때때로 뒤섞여 있으나 조리가 있어 어지럽지 않다. 그러므로 이러한 악을 시행하면 윤리가 분명해지고, 귀와 눈이 총명하고, 혈기가 화평하며, 풍속이 선善을 향하니 세상이 안정된다.[50]

3. 군자와 소인의 즐거움

그러므로 '악은 즐거운 것이다'[51]라고 말한다. 군자는 악을 통해 도덕적 수양을 제고하기를 즐거워하고, 소인은 악을 통해 성색의 욕망을 만족시키기를 즐거워한다.[52] 도덕으로 욕망을 제약하면 문란하지 않아 즐겁고, 욕망을 만족시키기 위해 도의道義를 잊으면 미혹되어 즐겁지 않다.

4. 악의 효능

그래서 군자는 타고난 성정을 보존하여 자신의 뜻을 온화하게 하고, 악을 널리 보급하여 백성들을 교화한다. 악이 널리 보급되면 백성들은 올바른 길을 지향하게 되는데, 이와 같이 되면 군자의 덕행이 얼마나 숭고한지 알게 된다.[53]

5. 악의 덕성〔진정성〕

덕이라는 것은 인성人性의 근본이며, 악이라는 것은 덕성德性의 꽃이다. 금金, 석石, 사絲, 죽竹은 악을 연주하는 기구다. 시詩는 사람의 포부〔흥취〕를 말하고, 노래는 마음속에서 우러나오는 소리를 일컬으며, 춤은 사람의 자태와 풍채를 표현한다. 시와 노래와 춤, 이 셋은 모두 마음을 근원으로 삼는 것으로 마음을 시와 노래와 춤으로 표현한 연후에야 비로소 악기가 이를 따라 연주한다. 나아가 감정이 깊고 두터워야 악의 아름다운 선율이 선명하고, 의지와 기개가 왕성해야 악의 변화가 신묘神妙하며, 온화하고 양순한 덕성이 마음속에 쌓여야 비로소 꽃 같이 아름다운 악을 연주하게 되니, 오직 악만이 한 점도 거짓으로 이루지 못한다.

6. 악은 덕성의 표상이다

악이란 속마음의 표현이고, 성은 악의 표현 수단이며, 아름다운 선율과 리듬은 성을 다듬고 조율한 것이다. 군자가 악을 만들 때는 마음을 근본으로 하여 성을 표현한 후 선율과 리듬 등으로 다듬고 조율한다. 시험 삼아 〈무악武樂〉[54]을 예로 들면 악무를 시작하기 전에 먼저 북을 울리는 것은 준비할 것을 정중히 독촉하기 위해서고, 발을 세 차례 구르는 것은 악무의 연행演行이 곧 시작됨을 알리기 위해서며, 춤의 행렬이 두 번째 출발해서야 정식으로 연주를 시작하는 것은 무왕武王이 두 번째 출병하여 적과 싸운 일을 상징하기 위해서고, 두 차례에 난亂〔악곡의 끝 부분〕55을 사용한 것은 군대의 대오를 정돈해 개선凱旋하여 돌아옴을 상징하기 위해서다. 연행할 때 춤동작의 빠르고 느림이 어지럽지 않고 악곡이 함축적이면서도 의미가 명확한 것은, 무왕이 주왕紂王을 토벌하려는 뜻이 확고할 뿐 아니라 인의仁義의 도를 버리지 않고 그것을 전면적으로 시행할 수 있어, 자신의 욕망대로 하지 않았음을 표상하기 위해서다. 이와 같이 악무는 감정을 표현하고 전달할 뿐 아니라 덕성을 확립하여, 악무가 끝나면 악무에 표상된 덕성도 추앙을 받게 된다. 이러한 악무를 연행하면 군자는 악무에 표상된 선덕善德을 즐거워하고, 소인은 자신의 잘못을 발견한다. 그래서 '백성을 가르치고 성장시키는 방법으로 악이 가장 중요하다'고 말하는 것이다.

7. 성인이 악을 좋아하는 이유

그래서 악은 성인이 좋아하는 바로서, 민심을 선으로 향하게 한다. 이처럼 악이 사람을 매우 깊게 감동시키고 풍속을 한층 쉽게 바꾸니, 선왕이 전문 기구를 설립하여 악을 통한

가르침을 나타낸 것이다.[56]

제3장 악언[57]

1. 음악이 마음에 미치는 영향

사람은 나면서부터 감정과 지력을 갖지만 슬픔, 즐거움, 기쁨, 노함에는 일정함이 없다. 마음이 바깥 대상에 문득 움직여 느낌이 일면 특정한 슬픔, 즐거움, 기쁨, 노함으로 표현되어 나온다. 그러므로 사람들은 가녀리고 미묘하며 다급한 음조가 연주되면 슬픔을 느끼고, 온화하고 선율이 풍부하면서 리듬의 변화가 적은 음조가 연주되면 즐거움을 느끼며, 격렬하고 사납고 맹렬하며 노기 띤 음조가 연주되면 강하고 굳세게 되고, 올곧고 강직하고 장중하며 질박한 음조가 연주되면 엄숙해지고 공경하게 되며, 여유 있고 웅혼하며 평온하고 유창한 음조가 연주되면 자애롭게 되고, 사악하고 어지럽고 경박하고 방종한 음조가 연주되면 음란하게 된다.

2. 악의 근본은 사람의 성정

그러므로 선왕이 악을 만들 때는 사람의 타고난 성정에 근거하여 일정한 악률의 횟수를 고려하고 일정한 원칙을 만들어 그것들을 음과 양, 이기二氣처럼 조화·융합하고, 목·화·토·금·수처럼 앞뒤가 질서 있게 하며, 양기陽氣는 흩어지지 않게 하고, 음기陰氣는 엉키지 않게 하며, 강기剛氣는 난폭하지 않게 하고, 유기柔氣는 위축되지 않게 한다. 음, 양, 강, 유, 이 네 기가 원활하게 몸 안에서 서로 통하고 음악으로 표현되어 각기 그 위치에 자리 잡아 서로 침범하지 않게 한다. 그런 연후에 악학樂學의 과정을 마련하고 차츰차츰 악곡의 리듬을 파악하며 악장의 구조를 살펴 어질고 후덕한 덕성을 드러내는데 사용한다.[58] 율려는 높낮음을 알맞게 하고 오성〔선율〕은 처음과 끝을 질서 있게 하여 인륜과 사물의 이치를 표현하고 친소親疏·귀천貴賤·장유長幼·남녀男女의 윤리 도덕을 모두 악으로 표상해낸다. 그래서 '악을 통해 사회를 깊이 관찰할 수 있다'고 말하는 것이다.

3. 어지러운 세상의 악

땅이 척박하면 초목이 번식하지 못하고, 물의 흐름이 번거롭게 흔들리면 물고기가 크게 자라지 못하며, 생기生氣가 쇠하면 생물이 발육하지 못하고, 세상의 이치가 혼란하면 예가 사악해지고 악이 방종해진다. 이와 같은 어지러운 세상의 악은 반드시 슬프기만 하고 장중하지 못하며, 즐거우나 편안하지 못하고, 리듬이 문란하고 감정이 방종하여 선량한 본성을 잊게 된다. 그 음조가 완만할 때는 사악함이 끼어들고 음조가 다급할 때는 욕망에 사로잡혀 거역하는 풍조가 일어나 온화한 덕성을 완전히 상실하게 되므로, 군자는 그것을 싫어한다.

제4장 악화[59]

1. 악을 깊이 파악해 속마음을 다스린다

군자가 말했다. '예와 악은 사람들의 심신에서 잠시도 떼지 못한다.' 악을 깊이 파악해 그것으로 마음을 다스리면 온화하고 평탄하며[易], 바르고 곧으며[直], 자식같이 사랑하며[子], 참되고 미더운[諒] 마음이 자연스럽게 우러난다.[60] 이러한 마음이 우러나면 즐거워지고, 즐거우면 마음이 편안해지고, 마음이 편안하면 생명[목숨]이 오래 지속되고, 생명이 오래 지속되면 몸과 마음이 자연스러워지고[天], 몸과 마음이 자연스러워지면 또한 천지신명[神]과도 통하게 된다.[61] 그래서 하늘처럼 말하지 않아도 믿음이 있게 되고, 신처럼 노하지 않아도 위엄이 있게 된다. 이처럼 악을 깊이 파악하는 까닭은 마음을 다스리기 위해서다.

2. 예를 깊이 파악해 겉모습을 다스린다

예를 깊이 파악하는 것은 외모와 행위를 단정하게 하기 위해서다. 외모와 행위가 단정하면 태도가 장중하면서 예의 바르게 되고, 태도가 장중하면서 예의 발라지면 위엄이 생긴다. 마음이 잠시라도 온화하지 않고 유쾌하지 않으면 비루하고 속이는 마음이 생기며, 외모가 잠시라도 장중하지 않고 예의 바르지 않으면 경박하고 태만한 마음이 생긴다.

3. 악례의 효능

이처럼 악은 속마음에 영향을 미치고 예는 겉모습에 제약을 가하므로, 악이 지극하면 온화해지고 예가 지극하면 겸손해진다. 그러므로 예악으로 심신을 수양하면 군자의 내심은 온화하고 외모는 겸손해지는데, 이와 같이 되면 백성들이 그의 얼굴빛만 보아도 그와 다투지 않고, 그의 용모만 바라보아도 그를 경박하거나 태만하게 대하지 않는다. 그래서 속마음이 악을 통해 얻어진 광채로 환하게 빛나면 그를 받아들여 따르지 않는 사람이 없게 되며, 언행이 예의 이치로 드러나면 그를 받아들여 순종하지 않는 사람이 없게 된다. 그래서 '예와 악의 이치를 깊이 파악하여 그것들을 세상에서 행하면 어떠한 어려움도 없게 된다'고 말하는 것이다.[62]

4. 악과 예의 기능과 특질

악은 마음속의 감정을 감동시키고, 예는 외모와 행위를 제약한다. 그래서 예는 간단해야 마땅하고, 악은 풍부해야 마땅하다.[63] 예가 간단하면 사람들이 따르고, 사람들이 따르면

〔예의 궁극적〕 요구에 부합한다. 악이 풍부하면 사람들이 비로소 자신을 돌아보게 되고, 자신을 돌아보면 〔악의 궁극적〕 요구에 부합한다. 예가 간단한데도 사람들이 따르지 않으면 문란해지고, 악이 풍부한데도 사람들이 자신을 돌아보지〔절제하지〕 않으면 방종해진다. 그래서 예는 서로 보답해야 하고, 악은 스스로 돌아보아야 한다.[64] 예로써 마땅한 보답을 얻게 되면 사람들은 즐거워지고, 악으로 반성의 효과를 얻게 되면 마음은 온화해진다. 예에 따른 상호 보답과 악을 통한 반성, 이와 같은 이치는 〔이러한 점에서〕 일치한다.[65]

5. 악의 불멸성

악은 즐거운 것으로 모든 사람이 필요로 하니 억제할 도리가 없다. 그리고 즐거움[66]은 반드시 성음으로 나타나고, 동정 動靜〔춤〕으로 표현되니, 이는 사람의 통상적인 이치다. 성음과 동정은 사람의 타고난 성정과 그것의 다양한 변화를 모두 충분히 표현해낸다.

6. 선왕이 악을 만든 이유

(1) 올바른 즐거움

이와 같이 사람으로서 즐거움이 없을 수 없고 즐거움은 또한 악무로 표현되지 않을 수 없으나, 표현을 좋게 이끌어내지 않으면 혼란이 일어난다. 선왕은 이러한 혼란을 싫어해

아雅·송頌 같은 악곡을 만들어 이끌고, 반드시 곡조로 하여금 사람들을 즐겁게 하되 방종케 하지는 않았다. 또한 반드시 문사文辭로 하여금 조리를 분명하게 하되 딱딱하게 하지는 않으며, 반드시 음조의 굽음과 평평함, 복잡함과 단조로움, 섬세함과 옹골짐, 멈춤과 나아감으로 하여금 사람의 착한 마음을 움직여 방종한 마음과 사악한 기분에 영향을 받지 않도록 한다. 이것이 바로 선왕이 악을 만든 이유다.

(2) 군신·상하·장유·노소·부자·형제의 화합

그래서 악이 종묘에서 연주되어 임금과 신하 윗사람과 아랫사람이 함께 들으면 화목하여 공경하게 되고, 족장族長이 있는 향리에서 연주되어 어른과 젊은이, 노인과 어린이가 함께 들으면 화목하여 순종하게 되며, 가정에서 연주되어 아버지와 아들, 형과 동생이 같이 들으면 화목하여 친애하게 된다.[67] 악의 창작이란 하나의 중성中聲을 자세히 살피고 선택하여 이를 기초 즉 궁음으로 삼아, 여러 음들을 조합하고 악곡의 조화로운 전개를 확정하고,[68] 각종 악기를 배합하여 리듬을 표현하며,[69] 상이한 리듬의 변화를 조율하여 곡조를 구성한다.[70] 그러므로 이것은 군신과 부자의 관계를 화목하게 하며, 일반 백성과 임금 사이를 가깝게 하는데, 이것이 바로 선왕이 악을 만든 이유다.

7. 악은 즐거움에서 비롯하나 성에 근본을 두고 정으로 발현된다

그러므로 아·송 같은 악곡을 들으면 사람들의 마음이 너그러워지고, 방패나 도끼 같은 무구를 들고 고개를 숙이거나 쳐들고 몸을 굽히거나 펴는 춤의 자세를 익히면 사람들의 용모가 장엄해지며, 춤추는 위치의 배열이 음악의 리듬에 맞으면 사람들의 행위가 단정해지고 행동거지가 규범에 부합한다. 이처럼 악은 세상 사람들의 마음을 한결같게 하고 사람들의 성정을 올바르고 온화하게 하며, 인정상 그만둘 수 없는 것이다.[71]

8. 악의 상징성

또한 악이란 선왕이 기쁨을 의탁하기 위한 것이고 군대와 무기는 선왕이 분노를 표현하기 위한 것으로, 〔이들에 의해〕 선왕의 기쁨과 분노가 모두 합당하게 표현된다. 그래서 선왕이 기쁠 때 온 세상 사람들이 함께 즐거움을 누리고, 선왕이 분노할 때 난폭한 사람들이 두려움을 느끼므로, 예악이 선왕의 도를 충분히 드러낸다고 말한다.

제5장 악시[72]

1. 악 제작의 이유

옛날 순舜임금이 오현금五絃琴을 만들어 남풍南風의 노래를 위해 반주했으며, 기夔[73]로 하여금 처음으로 악곡을 만들게 하여 제후에게 상으로 주었다. 이처럼 천자가 악을 제작하는 까닭은 제후 가운데 덕 있는 자에게 상을 주기 위해서다. 공덕功德이 성대하고 가르침이 준엄하며 날씨가 순조로워 오곡이 풍성하게 무르익어야 천자는 비로소 악을 상으로 준다. 따라서 대체로 백성을 수고롭게 다스린 자는 춤 행렬이 길고, 백성을 안일하게 다스린 자는 춤 행렬이 짧다. 그러므로 춤을 보면 그(제후)의 공덕을 알 수 있고, 시호諡號를 들으면 그의 행적을 알 수 있다.

2. 고대 아악의 전범, 육악

〈대장大章〉[74]은 요堯임금의 공덕을 밝히고, 〈함지咸池〉[75]는 황제黃帝의 은덕恩德이 세상에 널리 퍼졌음을 찬양하며, 〈소韶〉[76]는 순임금의 덕정德政을 찬송하고, 〈하夏〉[77]는 우禹임금이 요순의 덕을 드높인 일을 추앙하며, 은殷나라 악[78]과 주나라 악[79]은 상商나라 탕왕湯王과 주나라 무왕의 문치文治와 무공武功이 완전한 선에 이르렀음을 표현한다.[80]

3. 하늘과 땅의 이치는 악 제작과 실행의 모델

추위와 더위가 때에 맞지 않으면 만물이 병들고, 바람과 비가 조절되지 않으면 흉년이 드는 것은 하늘과 땅의 이치다. 백성을 악으로 교화하는 것도 추위나 더위와 같아서, 악을 통한 가르침이 때에 맞지 않으면 세상에 해를 미치게 된다. 또한 백성에 대한 예의 제도 역시 바람이나 비와 같아서, 예의 제도가 조절되지 않으면 애는 쓰지만 공이 없게 된다. 선왕이 악을 만든 것은 하늘과 땅의 이치를 본받아 백성을 다스리기 위해서이기 때문에 악을 통한 가르침이 매우 타당하면 백성들이 하고자 하는 바가 도덕 규범에 부합하게 된다.

4. 예악 제작의 목적

돼지를 키우고 술을 빚는 것은 본래 화禍를 짓기 위해서가 아니다. 〔그러나 그 때문에〕 송사訟事가 더욱 복잡하고 많아진다면 무절제한 음주飮酒가 화를 낳았기 때문이다. 그래서 선왕이 주례酒禮를 만들어 한 잔의 술을 마실 때마다 빈객과 주인 모두 여러 차례 예를 행하게 하여 사람들이 온종일 술을 마셔도 취하지 않게 했으니, 선왕은 이러한 방법으로 술로 인한 화에 대비했다. 그래서 술을 마시고 음식을 먹는 일이 기쁜 일이 되었다. 악은 덕행을 표현하기 위한 것이고, 예는 방종을 막기 위한 것이다. 그래서 선왕은 큰 슬픔이 생기면 반드시 일정한 예로써 애도를 표하고 큰 기쁨이 생기면 반드시 일정한 예로써 즐거움을 나타내, 슬픔과 즐거움의 표현이 모두 예의 규정에 맞도록 했다.

5. 악은 베풂이고 예는 보답이다

악은 베푸는 것이고, 예는 보답하는 것이다. 악을 만든 까닭은 왕업의 공덕에 대한 즐거움을 나타내기 위해서고, 예를 만든 까닭은 나에게 은혜로운 사람에게 보답하기 위해서다. 그래서 악은 제왕의 공덕을 빛내고, 예는 선조先祖의 은정恩情에 보답한다.

6. 천자가 제후에게 보답하는 예

이른바 대로大輅[81]는 천자가 타는 수레고, 용기龍シ[82]·구류九旒[83]는 천자의 깃발이며, 푸른색과 검은색으로 두른 것은 천자의 보귀寶龜[84]이고, 소와 양의 무리는 천자가 제후에게 상으로 주는 예물禮物이다.[85]

제6장 악론[86]

1. 악과 예의 기능

악은 사람들의 공통적인 본성을 표현하고, 예는 사람들의 등급 차이를 드러낸다. 〔악에 의해〕 공통의 본성이 표현되면 사람들은 서로 친근감을 느끼고, [예에 의해] 등급의 차이가 드러나면 사람들은 서로 공경한다. 그러나 사람들이 악을 지나치게 중시하면 방종으로 흐르고, 예를 지나치게 드러내면 서로 소원해진다. 그래서 예악은 사람들의 정감을 화합할 뿐 아니라[87] 사람들의 태도와 행위를 단정하게 한다.

예의 제도를 확립하면 귀천의 등급이 분명해지고, 악의 흐름이 조화로우면 윗사람과 아랫사람이 화목해진다. 좋고 싫음을 분명히 하면 좋은 사람과 싫은 사람이 뚜렷해지고, 형벌로 난폭함과 잔혹함을 금지하고 어질고 재능 있는 사람을 천거해 작위爵位와 봉록俸祿으로 상을 주면 정사가 공정해진다. 어짊으로 백성을 사랑하고 보호하며 의로움으로 백성을 가르쳐 이끌면 백성을 다스리는 이치가 잘 행해진다.[88]

2. 대악과 대례

악은 마음속에서 나오고 예는 바깥으로 드러나는 행위를 통해 표현된다.[89] 악은 마음속에서 나오므로 온화하고 고요하며, 예는 바깥으로 드러나는 행위로 표현되므로 일정한 형식적 규정이 있다. 이상적인 악은 반드시 평이하며, 이상적인 예는 반드시 소박하다. 이러한 악이 보급되면 사람들은 원망하는 말을 하지 않고, 이러한 예가 보급되면 고집 부리며 양보하지 않는 일이 없어진다. 그래서 예의를 지켜 사양하는 행위로써 천하를 다스리는 일을 예악이라고 한다.

이로써 포악한 백성이 더 이상 윗사람을 범하거나 혼란을 일으키지 않고, 제후가 모두 천자에게 복종하여 더 이상 무기를 사용할 필요가 없고, 형벌은 적용할 필요가 없고, 백성들은 근심 걱정이 없어지고, 천자가 분노할 필요가 없어지면 악의 목적은 이루어진 것이다. 또한 온 세상의 아버지와 아들의 관계가 화목하고, 어른과 젊은이의 차례가 분명하며, 사람마다 모두 천자를 존경하게 되면[90] 예의 작용은 충분히 드러난 것이다.

3. 악과 예의 본질은 사랑과 공경이다

이상적인 악은 천지와 더불어 만물을 조화롭게 하고, 이상적인 예는 천지와 더불어 만물을 통제하고 관리한다. 이렇듯 악은 조화의 작용을 하므로 만물을 생장시키고, 예는 만물을 통제 관리하므로 천지를 제사하는 데 쓴다. 그래서 밝게 드러난 세상[인간 세상]에는 예악이 있고 보이지 않는 세상[저승 세계]에는 귀신이 있으니,[91] 이같이 하면[예악으로 천지를 제사하면] 온 세상 사람들은 공경과 사랑을 함께할 것이다.

예는 규정이 달라도 사람들을 서로 공경하게 하고, 악은 문채文彩가 달라도 사람들을 서로 사랑하게 한다. 예와 악의 실질은 이처럼 서로 같기 때문에 현명한 임금은 모두 예악을 중시하여 그것을 계속 사용했다. 이 때문에 예의 규정은 시

대의 요구와 일치하고, 악의 이름은 이룩한 업적과 서로 걸
맞았다.

4. 성과 명

종·고·관·경磬·우·약籥[92]·간·척은 악의 기구고, 〔춤동작에
서〕 몸을 굽히고 펴는 일, 고개를 아래로 숙였다가 위로 드는
일, 춤의 행렬과 위치, 춤의 속도 등은 악의 형식이다. 보궤籩
ぃ[93]·조두俎豆[94]·제도·문장은 예의 기구고, 〔예를 행하는 동
작으로서〕 계단을 오르내리고 당堂을 오르내리며 나아가고
물러서며,[95] 석의裼衣와 습의襲衣[96]의 착용 등은 예의 형식이
다. 예악의 실질적인 정신을 이해한 사람만이 예악을 제작할
수 있고, 예악의 표현 형식을 이해한 사람만이 예악을 가르
칠 수 있다. 그래서 예악을 제작하는 사람을 성聖이라 하고,
예악을 가르치는 사람을 명明이라 한다. 즉 명과 성은 가르치
고 제작한다는 뜻이다.

5. 악과 하늘과 화합/예와 땅과 질서

악은 천지간의 사물을 서로 화합하게 하며, 예는 천지간의
사물을 질서정연하게 한다. 서로 화합하므로 만물이 모두 융
화하여 공존하고, 질서정연하므로 만물이 모두 구별된다.

악은 하늘의 이치에 따라 제작되고, 예는 땅의 이치에 따
라 제정된다. 그래서 예가 땅의 이치에 맞지 않으면 질서가

혼란해지고, 악이 하늘의 이치에 맞지 않으면 조화롭지 못하게 된다. 그러므로 하늘과 땅의 이치를 이해해야만 비로소 예악을 흥하게 할 수 있는 것이다.

6. 악과 예의 본질과 역할

조화롭고 방종하지 않는 것은 악의 본바탕이고, 사람들을 기쁘고 즐겁게 하는 것은 악의 기능이며, 적당하여 치우치지 않는 것은 예의 본질이고, 사람들을 공경하고 삼가게 하는 것은 예의 작용이다. 이에 따라 예악을 쇠[金]과 돌[石]의 악기[97]로 표현하고 성음으로 전파하며 종묘와 사직에 사용하고 산천의 신에게 제사하는 것, 이것이 바로 천자가 백성과 함께함을 뜻한다.

제7장 악례[98]

1. 완벽한 악과 예 제작의 어려움

왕은 업적을 이룬 연후에야 악을 짓고, 정사가 안정된 연후에야 예를 제정한다. 위대한 업적을 세운 자가 만든 악이어야 완전하고, 정사를 맑고 바르게 한 자가 제정한 예여야 주도면밀하다. 방패나 도끼 등을 잡고 노래하며 춤을 춘다고 완벽한 악이 되는 것이 아니며, 제사에 맛있는 음식을 올린

다고 하여 이상적인 예가 되는 것이 아니다.[99] 오제五帝 때도
〔각각의 왕이 군림한〕 시대가 달랐기에 하나의 악을 서로 이
어받지 않았고,[100] 삼왕三王[101] 시절에도 〔각 시대의〕 사회 상
황이 달랐기에 하나의 예를 서로 답습하지 않았다.[102] 〔만약〕
악이 지나쳐서 사람들이 가무와 여색을 마음껏 즐기게 되어
즐거움이 극에 달하면 근심이 생기고, 예가 번거로워 사람들
이 널리 행하지 못하면 소홀해져서 치우친다. 그러므로 악을
성대하게 하면서도 근심이 생기지 않도록 하고, 예를 완벽하
게 하면서도 치우치지 않도록 하는 일은 오직 대성인大聖人
만이 할 수 있다.

2. 악례와 인의

하늘은 위에 있고 땅은 아래에 있으며 만물은 각기 다르므
로 〔이를 본받아〕 예를 시행하여 구별하고, 하늘과 땅의 두
기가 쉬지 않고 흘러 한데 모여 어우러져 만물이 변화 생성
하므로 〔이를 본받아〕 악을 만들어 서로 융화하게 한다.[103]
봄에 생기고 여름에 자라는 이치는 하늘과 땅의 어짊을 드
러내고, 가을에 거두고 겨울에 저장하는 이치는 하늘과 땅의
의로움을 드러낸다. 즉 어짊은 악의 성질과, 의로움은 예의
성질과 가깝다.[104]

악이 조화로움을 촉진하는 이치는 신의 범위에 속하여 하
늘의 뜻에 따르는 일이고, 예가 등급을 구별하는 이치는 귀

鬼의 범위에 속하여 땅의 뜻에 따르는 일이다. 그래서 성인은 악을 만들어 하늘의 뜻에 순응하고, 예를 만들어 땅의 뜻을 드러낸다.[105] 예악이 밝아지고 갖추어지니, 천지의 일이 저마다 마땅해진다.

3. 천지의 엄연한 구별에서 예(의 정당성)를 끌어내다

하늘은 위에 있고 땅은 아래에 있으니 임금과 신하의 관계는 바꾸지 못한다. 위치의 높고 낮음이 이미 확정되었으니 귀천의 명분은 바꾸지 못한다. 음양이 때때로 움직이고 때때로 고요하여 끊임없이 변화하니 크고 작은 온갖 사물(사태, 현상)이 구별된다. 새나 짐승은 끼리끼리 모여들고 풀과 나무는 무리지어 나뉘는데, 이는 타고난 본성의 차이가 드러난 것이다. 하늘에는 해와 달과 별들이 흩어져 빛을 발하고 땅에는 산과 강과 바다가 각기 모습을 갖추어 천지의 사물이 이처럼 천 가지 만 가지로 구별되어 있으니, 예도 하늘과 땅을 본받아 여러 가지 규정으로 사물을 분별한다.

4. 천지의 따뜻한 조화로움에서 악(의 감화력)을 보다

땅의 기운이 올라가고 하늘의 기운이 내려와 음과 양이 서로 마찰하고, 하늘(의 기운)과 땅(의 기운)이 서로 깊이 어우러져 천둥과 번개로 울리고 바람과 비로 떨치며 사계절로 독촉하고, 해와 달로 따뜻하게 해서 풀·나무·새·짐승 등 만물이 왕성하게 생장한다. 하늘과 땅은 이렇게 서로 융화하여 만물을 생성·발육시키므로, 악도 하늘과 땅을 본받아 아름다운 문채로 만물을 조화시킨다.

5. 악례를 소홀히 할 수 없는 이유

악의 감화가 제때 일어나지 않으면 만물이 생장하지 못하고, 남녀 간에 예에 의한 분별이 없으면 사회가 문란해지는데, 이것이 하늘과 땅의 본모습이다.[106]

6. 예악의 성대한 규모

예악이 하늘과 땅 사이에 충만하고[107] 음양과 융합하며 귀신과 통하면 그 작용은 가장 높고 깊은 곳에 이르기 때문에 악과 하늘이 합하여 하나가 되고 예와 땅이 합하여 하나가 된다.[108]

하늘은 쉬지 않고 끊임없이 운행하는데 악이 바로 이와 같다. 땅은 전혀 움직이지 않고 정지해 있는데 예가 바로 이와 같다. 한 번 움직이고 한 번 고요한 것이 서로 조화[배합]하면 하늘과 땅 사이에 만물이 생겨나는데, 이는 하늘의 작용이자 땅의 작용이다.[109] 그래서 성인이 '예다 예다, 악이다 악이다'[110]라고 말하는 것이다.

제8장 악정[111]

1. 악과 예의 불변의 이치

타고난 성정을 표현하는 악과 등급 관계를 나타내는 예는 다른 것으로 바꾸지 못한다.[112] 악은 사람의 마음과 덕을 같게 하고 예는 등급의 차이를 구별하니, 예와 악의 이치는 인정人情 가운데 포함되어 있다.

2. 악과 예의 본질과 원칙

만물의 근원적 원리를 파악하여 그 변화를 아는 것은[113] 악의 본질이고, 참을 확립하고 거짓을 제거하는 것은 예의 원칙이다. 그래서 예악은 하늘과 땅의 참모습을 드러내고 신명神明의 덕성을 표현하여, 하늘과 땅의 귀신을 불러내 만물을 양육하고 임금과 신하, 아버지와 아들의 관계를 조절한다.[114]

3. 악의 효용

그러므로 대인(성인, 선왕, 군자)이 예악을 거행하면 천지가 크게 밝아지고, 천지가 교감하면 음양이 만나고 모여서 만물을 기른다. 이런 연후에야 초목은 무성해지고, 농작물은 생장하며, 새들은 힘껏 날고, 뿔짐승은 활발히 활동하며, 겨울잠을 자는 동물은 소생하고, 새들은 알을 까며, 털짐승은 새끼를 배고, 태생胎生은 이제 더는 뱃속에서 죽지 않으며,

난생卵生은 더 이상 갓 태어난 새끼가 미처 장성하지 못하고 일찍 죽는 일이 없으니, 이 일체는 모두 악의 덕택[115]이다![116]

4. 악과 예에서 정말 중요한 것

그런데 악은 황종黃鍾이나 대려大呂 같은 율려, 그리고 금을 타고 노래 부르며 간과 척을 쥐고 춤추는 일만이 아니다. 이는 모두 악의 사소한 일이므로 아이들이 하도록 내버려둔다. 자리를 마련하고 예기禮器를 진열한 후 나아가고 물러섬으로 예절을 표시하는 일 등은 모두 예의 사소한 일이므로 의식을 맡은 낮은 관리들이 주관하도록 내버려둔다. 악사樂師는 악의 기예技藝만 알기 때문에 당 아래 앉아 연주할 뿐이고, 종축宗祝[117]은 종묘 제사의 의식만을 알기 때문에 신주神主[118] 뒤에서 큰 소리로 의식의 차례를 말할 뿐이며, 상축商祝[119]은 상례喪禮의 의식만을 알기 때문에 상주喪主 뒤에서 큰 소리로 의식의 차례를 말할 뿐이다.[120] 이 때문에 덕[121]이 뛰어난 사람은 당 위에 앉고, 기예만 맡아보는 사람은 당 아래에 앉으며, 교화를 시행하여 성취한 바가 있는 자는 앞에 앉고, 예를 행하고 악을 연주할 뿐인 자는 뒤에 앉는다. 이처럼 선왕은 위와 아래 그리고 앞과 뒤의 구별이 있기에 예악을 만들어 천하에 시행할 수 있었다.

제9장 빈모고[122]

1. 공자의 질문

(1) 북을 치며 한참 경계하는 이유

빈모고賓牟賈가 공자 곁에 앉아 공자와 더불어 이야기하는데, 이야기가 악에 이르렀다. 공자가 묻기를 〈무악〉은 먼저 북을 쳐서 여러 사람을 경계하고, 그런 다음 한참 있다가 연행을 하는데, 왜 이렇게 하는지 까닭을 말씀해주시겠습니까?"라고 하니, 빈모고가 대답하기를 "이는 무왕이 여러 사람의 지지를 얻지 못할까 염려함을 상징합니다"라고 했다.[123]

(2) 그 외 다섯 가지 질문

"또 〈무악〉을 시작하기 전에 목소리를 길게 뽑아 노래하면서 성조聲調를 오래 끄는 까닭은 무엇입니까?"라고 물으니, "이는 무왕이 제후들이 때를 맞춰 뒤쫓지 못해 승리할 기회를 놓치게 될까 염려함을 상징합니다"라고 했다. "연행을 시작하면서 손을 쳐들고 발을 구르며 기개와 권세와 무력을 보이는 까닭은 무엇입니까?"라고 물으니 빈모고가 대답하기를 "이는 토벌을 행할 때 바짝 다잡기 위해서입니다"라고 했다. "연행자가 이따금 갑자기 무릎을 꿇으면서 오른 무릎은 땅에 대고 왼 무릎은 땅에 대지 않는데, 이러는 까닭은 무엇입니까?"라고 물으니 대답하기를 "그것은 〈무악〉의 올바른 동작이 아닙니다"라고 했다. "성음을 오래 끌면서 노래 부를 때 상성商聲이 많이 나타나는 까닭은 무엇입니까?"라고 물으니 대답하기를 "그것은 〈무악〉의 마땅한 음조가 아닙니다"라고 했다. 그러자 공자가 묻기를 "만일 〈무악〉의 마땅한 음조가 아니라면 어떤 음조입니까?"라고 하니 대답하기를 "그것은 악관樂官이 전수하는 와중에 착오로 만들어진 것입니다. 만약 전수에 잘못이 있지 않다면 무왕의 뜻이 허황하기 때문이지요"라고 했다.[124] 그러자 공자가 말하기를 "그렇군요. 내가 장홍萇弘[125]에게 들은 것과 같습니다"[126]라고 했다.

2. 빈모고의 질문—춤추는 자리에서 오래도록 서서 기다려야 하는 이유

빈모고가 일어나 자리에서 물러서며[127] 묻기를,[128] "무악이 연행되기 시작할 때 북을 오랫동안 울리는 까닭을 이미 당신에게 말씀드렸습니다. 그런데 청컨대 연행 중에 춤추는 자리에서 오래도록 서서 기다려야 하는 까닭은[129] 무엇인지 말씀해주시겠습니까?"

3. 공자의 대답
(1) 〈무악〉에서 표상된 줄거리
공자가 말했다. "앉으시지요. 내 당신에게 말씀드리리다.

저 무악의 줄거리는 다음과 같습니다. 제1단계는 무왕이 북쪽에 있는 은나라의 주왕을 토벌하려고 출발하는 내용이고, 제2단계는 주왕을 소멸하는 내용이며, 제3단계는 승리하여 남쪽으로 돌아오는 내용이고, 제4단계는 남쪽의 조그만 나라가 귀순하는 내용이며, 제5단계는 주공周公[130]과 소공召公[131]이 주를 나누어서 다스리는 내용이고, 제6단계에서는 연행자가 각기 원래의 위치로 돌아가는데, 이는 천자 즉 무왕을 존중하고 숭상함을 표상하기 위해서입니다."[132]

(2) 악의 상징성

"이처럼 악은 이미 성취한 업적을 표상하는 것임을 알아야 합니다. 무악을 연행할 때 손으로 방패를 쥐고 산처럼 우뚝 서는 것은 무왕이 중앙에 자리 잡고 제후들이 이르기를 기다리는 것을 상징하고, 손을 내뻗어 떨치고 발로 땅을 세차게 내딛는 모습이 기세 있고 위풍당당한 것은 은나라의 주왕을 토벌하려는 태공太公[133]의 의지를 표상하며, 끝날 무렵에 연행자가 모두 무릎을 꿇는 것은 주공과 소공이 문덕文德 즉 예악을 일으켜서 무력으로 다스리는 일을 그만둔다는 것을 상징합니다.

또한 연행 중에 춤의 행렬 양쪽에 두 사람이 금탁金鐸[134]을 휘두르니 연행자가 곧 분발하여 탁鐸소리의 리듬에 따라 사방으로 창과 방패를 휘두르는 것은 무왕이 사방을 정벌하여 자신의 위력을 천하에 크게 나타냄을 상징하고, 연행자가 두 줄로 나뉘어 전진하는 것은 빠른 시일 내에 천하를 통일하려는 의지를 표상하며, 춤추는 자리에서 오랫동안 서서 기다리는 것은 무왕이 제후들의 도착을 기다리는 것을 상징합니다."[135]

(3) 목야에서 무왕이 시행한 일

"게다가 당신은 목야[136]에서 무왕이 시행한 일에 대해 들은 바가 없습니까? 무왕이 거기서 은나라를 이기고 상[137]의 수도 조가에 이르러서는 전차戰車에서 내리기도 전에 황제의 후손을 계에 봉했으며, 요임금의 후손을 축에 봉했고, 순임금의 후손을 진에 봉했으며, 전차에서 내리자마자 하후씨夏后氏의 후손[138]을 기에 봉했고, 은나라의 후손을 송으로[139] 옮겼으며,[140] 왕자 비간比干[141]의 묘를 보수했고,[142] 기자箕子[143]를 감옥에서 풀어주었으며, 사람을 보내 상용商容[144]을 찾아내 그를 복직시켜주었습니다. 또한 백성들을 가혹한 정치에서 풀어주었고, 관리들에게는 박했던 봉록을 올려주었습니다."

(4) 호경에서 무왕이 시행한 일

"이어서 황하를 건너 서쪽으로 가서[145] 말을 화산[146]의 남쪽에 풀어두고 다시는 그것을 전차를 끄는 데 사용하지 않았으며, 소를 도림의 평야에 놓아두고 더 이상 그것을 전쟁에 부리지 않았고, 전차와 갑옷을 창고에 넣어두고 더 이상 쓰지 않았으며, 방패와 창은 호랑이 가죽으로 싸두었으니 이를 일러 '건고建槀'라 합니다.[147] 또 부대의 총수總帥와 고급 장교를 제후로 봉했습니다. 이로써 천하 사람이 모두 무왕이 다시는 병사를 써서 전쟁하지 않으리라는 것을 알게 되었습니다."

(5) 다섯 가지 가르침

"이뿐 아니라 무왕은 한 걸음 더 나아가 군대를 해산하고 교외郊外에서 활 쏘는 예를 바꾸어, 동학東學에서 활 쏘는 연습을 할 때는 〈이수貍首〉를 노래하고, 서학西學에서 활 쏘는 연습을 할 때는 〈추우騶虞〉[148]를 노래하니 일거일동이 모두 절도에 들어맞아서 전쟁을 위한 활쏘기가 그치게 되었습니다.[149] 또한 예모禮帽를 쓰고 예복禮服을 입고 홀笏을 꽂으니 용맹한 무사가 차던 칼을 끌러놓게 되었으며, 명당明堂에서 선조에게 제사 지내니 백성들이 효를 알게 되었고, 정기적으로 천자에게 조현朝見[150]하니 제후들이 신하의 본분을 알게 되었으며, 친히 적전籍田[151]을 경작하여 씨를 뿌리고 농작물을 심어 제사에 쓸 곡물을 마련하니 제후들이 선조를 존경할 줄을 알게 되었습니다. 이 다섯 가지는 모두 중대한 교화의 시책施策입니다."

(6) 원로에 대한 공경

"게다가 태학大學에서 삼로오경三老五更[152]을 공양供養하는데 천자가 친히 소매를 말아 올려 희생의 고기를 베고 장醬을 들어서 그들에게 권유하며 식사 후 술잔을 잡아 따라주며 입을 가시게 했으니,[153] 이는 모두 제후들이 원로를 공경해야 함을 깨닫도록 가르치기 위해서입니다."

(7) 〈무악〉을 행할 때 더디고 오랜 이유

"그래서 주나라의 도덕적 교화는 사방으로 전파되었고 예제禮制와 악무는 융성하게 완비되었습니다. 무왕이 이처럼 예악을 존중하고 주왕을 토벌하는 일이 불가피한 것이었음을 충분히 설명하고자 한다면, 〈무악〉이 연행될 때 춤추는 자리에서 오래도록 서서 기다려야 마땅하지 않겠습니까?"[154]

제10장 사을[155]

1. 자공의 질문—각자의 성격이나 기질에 적합한 노래가 있는가

자공子貢[156]이 악사 을乙을 보러 가서 묻기를 "제가 듣기에 사람마다 성격이나 기질 등에 적합한 노래가 따로 있다는데, 그렇다면 저 같은 사람은 어떤 노래가 적합하겠습니까?"라고 했다. 을이 대답하기를 "저는 일개 미천한 악공樂工입니다. 그러니 어찌 어떤 노래가 적합한지 감히 대답할 수 있겠습니까? 다만 청컨대 제가 한 번 들었던 바를 말씀드려도 된다면 그런 연후에 당신께서 스스로 선택하시는 것이 좋겠습니다".

2. 사을의 대답
(1) 노래는 덕을 드러낸다

"너그럽고 고요하며 온화하고 정직한 사람은 '송'을 노래하면 적합하고, 뜻이 광대하고 사리에 통달하며 점잖고 진실한 사람은 '대아大雅'를 노래하면 적합하고, 공손하고 근신하며 예의를 중히 여기는 사람은 '소아小雅'를 노래하면 적합하고, 정직하고 청렴하며 겸손한 사람은 '풍風'을 노래하면 적합하고, 담백하면서 자애로운 사람은 '상'을 노래하면 적합하며, 온순하면서도 과단성 있는 사람은 '제齊'를 노래하면 적합합니다.[157] 부르는 노래가 자신의 개성과 맞으면 덕성을 표현해낼 수 있습니다. 덕성이 표현되면 천지가 느껴 이에 응하고 사계절이 순조로우며, 별들이 질서 있게 운행하고 만물이 건실하게 성장합니다."[158]

(2) 상과 제

"'상'은 오제 때부터 유전流轉되어 내려왔는데 상나라 사람들이 그것을 얻어 기록했기 때문에 상이라 했고, '제'는 삼대三代 때부터 유전되어 내려왔는데 제나라 사람들이 그것을 얻어 기록했기 때문에 제라 했습니다. 사정이 이러하니 '상'의 노랫소리를 아는 사람은 일을 할 때 결단을 잘 내리고, '제'의 노랫소리를 아는 사람은 이익을 보고서도 잘 양보합니다. 일에 임해서 결단을 잘 내리는 것은 용기요, 이익을 보고서도 양보하는 것은 의로움입니다. 그러니 용기와 의로움의 덕성이 노랫소리를 통하지 않고 어떻게 표현될 수 있겠습니까?"159

(3) 노랫소리의 비유

"노랫소리가 올라갈 때는 힘있게 드높아지는데 이것은 마치 높이 들어 올리는 듯하고, 내려갈 때는 침착하고 진중해지는데 이것은 마치 떨어져 가라앉는 듯합니다. 노랫소리가 바뀔 때는 모서리가 분명한 것이 마치 꺾이는 듯하고, 그칠 때는 고요하여 아무 움직임이 없는 것이 마치 말라죽은 나무 같습니다. 그러나 이처럼 음조가 천변만화千變萬化함에도 모두 일정한 법도가 있고, 잇달아 끊이지 않는 양상은 마치 구슬을 꿰어놓은 것 같습니다."160

(4) 노래에서 춤으로

"노래부르기는 말하기와 같으나 그 소리를 길게 끕니다. 마음이 즐거우면 말하게 됩니다. 하지만 직접 말로 감정을 표현하고 전달하는 데는 한계가 있기 때문에 곡절의 변화가 더해지고 말소리가 길게 늘어집니다. 말소리를 길게 늘여도 표현하고 전달하는 데 한계가 있기 때문에 더욱 많은 변화와 반복과 화답이 더해지고,[161] 반복과 화답으로도 표현하고 전달하는 데 부족하여 자신도 모르게 손발을 움직여 춤추는 것입니다."

제11장 위문후[162]

1. 고악과 신악의 차이는 무엇인가

위문후魏文侯가 자하子夏[163]에게 묻기를 "내가 의관衣冠을 단정히 하고 고악[164]을 들으면 졸게 될까 두렵지만 정나라나 위나라의 가락을 듣게 되면 지칠 줄 모르니, 감히 묻건대 고악이 나를 이처럼 만드는 까닭은 무엇이며, 신악新樂[165]이 나를 이처럼 만드는 까닭은 또한 무엇입니까?"

2. 고악의 모습

자하가 대답하기를 "고악에 대해 언급하면 그것의 악무는 정연하게 연행되고, 음조는 화평정대和平正大하며, 관현악기는 부拊와 북이 먼저 울린 후에 비로소 현弦·포匏·생笙·황簧 등이 일제히 연주됩니다.[166] 북으로 연주를 시작하고 종으로 연주를 마무리하며,[167] 상相으로 코다coda의 리듬을 가다듬고 아로 빠른 춤동작을 제어합니다.[168] 군자는 고악으로 자신의 뜻을 표현하고 선왕의 공덕을 칭송하며 심신을 수양해 가정을 화목하게 하고 천하를 다스립니다. 이것이 바로 고악의 모습입니다".

3. 신악의 모습

"그런데 신악으로 말하면 연행이 가지런하지 못하고, 음조는 지나치게 방종하여 사람들을 그 속에 빠트려 스스로 헤어나지 못하게 합니다. 또 난쟁이 배우가 잡희雜戲를 연출하는데 형태는 추하고 괴이하며 남녀가 뒤섞이고 아버지와 아들이 구분되지 않습니다. 군자는 이러한 악무로는 자신의 뜻을 표현하지 못하며 선왕의 공덕을 칭송하지도 못합니다. 이것이 바로 신악의 모습입니다."

4. 악과 음의 차이

"그러니 지금 당신께서 물으신 것은 악이나, 즐거워하는 것은 오히려 음입니다.[169] 이처럼 악과 음은 비슷한 듯하지만 실제로는 매우 다름을 알아야 합니다"라고 했다.

5. 덕음이 악이다

위문후가 다시 "감히 묻건대 그것이 어떻게 다릅니까?"라고 물으니, 자하가 다음과 같이 대답했다. "옛날에 천지가 인심에 순응하여 사계절의 바람과 비가 순조로워 백성들이 생업을 편안하게 즐기며 해마다 오곡이 풍성하여 재난도 없고 질병도 없이 모든 것이 순조롭고 만족스러웠습니다. 그런 연후에 성인이 군신과 부자의 관계를 규정하여 사회의 강상綱常[170]을 만들었고 강상이 올바로 서자 천하가 태평해졌습니다. 천하가 태평해지자 성인이 또한 육률六律을 제정하고 오음을 조화시켜 곡을 붙여 노래 부르고 시를 지어 찬미하니, 이를 일러 덕음德音이라 합니다. 그러니 덕음이라야 악에 어울리지요. 시[171]에 이르기를,

그 덕음이 얼마나 담박하고 온화한가

왕계王季(무왕)의 덕성이 드러나도다

덕성의 찬란한 빛이 대지를 눈부시게 비추니

사람들에게 광명이 두루 베풀어지도다

사람들에게 광명이 두루 베풀어지니

선과 악이 분명하게 밝혀지며

사람들을 가르치고 깨우치니

상과 벌 또한 분명해지도다

왕도王道로써 낙토樂土를 세우니

숭고한 덕성 덕택이로다

사람마다 순종하고 복종하여

상하가 서로 친하고 또한 공경하도다

문왕文王이 왕업을 계승하니

덕성은 더욱 숭고하고 완미完美하여 후회할 만한 것이 없도다

이는 모두 상제上帝의 복이니

이 복이 자자손손에게 미치도다.172

이것이 바로 덕음입니다! 그러니 지금 당신께서 좋아하시는 것은 익음溺音173이지요."

6. 익음 — 정음, 송음, 위음, 제음

문후가 "감히 묻건대 익음은 어디에서 유래하는지요?"라고 다시 묻자 자하가 대답했다. "정나라 음악은 방종하여 사람의 심지를 음란하게 하고,174 송宋나라 음악은 부드러우면서 아름다워 사람의 심지를 탐닉하게 하며,175 위나라 음악은 다급하여 사람의 심지를 산란하게 하고,176 제나라 음악은 기이하여 사람의 심지를 오만하게 합니다.177 이 네 가지음악은 모두 사람을 성색의 즐거움에 빠지게 하여 덕행을 수양하는 데 해가 되므로 제사에 쓰지 않습니다."

7. 고악의 특질

시178에 이르기를 "엄숙하고 온화한 가락이 잘 어울리니, 선조의 신령이 이에 감동되도다"라고 했습니다. '숙肅'은 엄

숙하게 공경한다는 뜻이고, '옹雍'은 화목하다는 뜻입니다. 엄숙하게 공경하면서 또한 화목하니 무슨 일인들 행해지지 않겠습니까?"[179]

8. 임금이 호오를 삼가야 하는 이유

"임금 된 자는 좋아하고 싫어하는 바를 철저히 삼가야 합니다. 임금이 무엇을 좋아하면 신하도 그렇게 하고 군주가 무엇을 하면 백성도 곧이어 따라합니다.[180] 시[181]에 이르기를 '백성을 이끌기가 매우 쉽다'라고 했으니, 이를 두고 한 말입니다."

9. 선왕의 작악

"바로 이러한 이치에 근거하여 성인은 도桃·고鼓·강椌·갈楬·훈塤·지篪 등의[182] 덕음을 내는 악기를 제작합니다. 그리고 다시 그 위에 종·경·우·슬로 반주하며, 간·척·모·적狄을 가지고 춤추니, 이와 같으면 선왕에게 제사할 만하고,[183] 손님들에게 연회를 베풀 수 있으며, 관직의 높낮이와 신분의 귀천이 분명해지고,[184] 후인들에게 존비尊卑와 장유의 순서를 알려줍니다."

10. 종소리의 표상

"종소리는 우렁차니 우렁찬 소리는 호령〔위엄 있는 명령〕

을 표현하고 호령이 있으면 기세가 있으며 기세가 있으면 전
쟁에서 승리하게 되니, 그래서 군자가 종소리를 들으면 무신
武臣을 생각하게 됩니다."

11. 경소리의 표상

"경소리는 확고하니 확고한 소리는 분명한 절조를 표현하
며, 절조가 분명하면 죽음을 돌아가는 일로 여기게 되니, 그
래서 군자가 경소리를 들으면 강토疆土를 지키다 죽은 충신
을 생각하게 됩니다."

12. 명주실 소리의 표상

"현악기의 줄 소리는 슬프니 슬픈 소리는 사람으로 하여금
청렴 정직하게 하며[185] 청렴 정직하면 포부를 확립하게 되니
군자가 금슬의 소리를 들으면 포부가 굳건한 의로운 신하를
생각하게 됩니다."

13. 대나무 소리의 표상

"대나무 악기의 소리는 느긋하니 느긋한 소리는 사람들을
모이게 하고, 모이면 여러 사람들을 흩어지지 않게 하니, 그
래서 군자가 우·생·소·관[186]의 소리를 들으면 백성을 사랑한
신하[187]를 생각하게 됩니다."

14. 북소리의 표상

"북소리는 매우 격렬하니 격렬한 소리는 사람을 격동케 하고 격동하면 여러 사람들을 용감히 앞으로 나아가게 하니, 그래서 군자가 북소리를 들으면 장수將帥인 신하를 생각하게 됩니다."[188]

15. 군자가 음악을 듣는 이유

"이로써 군자가 음악을 듣는 까닭은 오직 귀에 즐거운 가락만을 꾀하기 위해서가 아니라, 그 가운데서 자기의 뜻과 합치되는 것을 체득하기 위해서임을 알게 됩니다!"[189]

고대 동아시아
예악 사상의 총결,
〈예기·악기〉

1. 예악 사상이란?

고대 동아시아 예악 사상의 연원은 기원전 11세기 중국의 주나라에서 발원한 예악 제도다. 은나라를 멸망시킨 서주西 周초 무왕의 동생 주공 단旦에 의해 정비된 종교성과 계급성 을 지닌 전통적 예악 제도는 500여 년이 지난 후 춘추 시대 의 공자에 이르러 새로운 도약의 계기를 마련한다. 이전까지 는 단순한 등급 제도이자 통치 질서의 색채가 강한 강제 규 정이었던 예와 이를 수식하기 위한 악이 공자에 의해 인간의 도덕적 수양에 필수적인 미덕으로 변모되었다. 이로써 악은 이상 사회 구현을 위한 지배 계층의 심신 수양과 통치 행위 에 불가결한 내면적이고 실천적인 덕목으로 그 사상성을 획 득하게 된다. 이러한 예악 사상은 공자 이후 송대宋代의 주자 朱子로 이어지면서 중국의 유구한 예악 전통을 형성하게 되 고 우리나라에도 깊은 영향을 미쳤다.

예악 사상은 다각도로 논의될 수 있지만 여기서는 예와 악의 관계에 초점을 맞추어 예와 악의 밀접성을 역사적 단계에 따라 살펴보고자 한다. 일단 공자 이전과 공자 이후 그리고 주자 이후로 시대를 구분했다.

(1) 공자 이전

예와 악은 상고 시대부터 매우 밀접한 관계였다. 다음 기록을 보자. "본래 가장 원시적인 예는 먹고 마시는 행위에서 비롯되었다. 기장과 돼지고기를 불 위에 굽고, 웅덩이를 파서 술통을 만들고, 두 손으로 움켜 술을 마시며, 괴부蕢桴(기령풀 줄기로 만든 북채)로 토고土鼓를 두드렸다. 그들의 생활 방식이 비록 이와 같았지만 오히려 귀신에게 공경하는 뜻을 드릴 수 있었다."[190]

이는 공자의 말이라고 전해지는데, 여기서 우리는 예가 상고 시대의 먹고 마시는 일상생활에서 기원하고 있으며, 어떠한 신비감도 없음을 알 수 있다. 그리고 웅덩이를 파서 술통을 만들고 두 손으로 술을 마시는 미개한 풍습이 흙으로 만든 북을 두드리는 것 같은 원시적인 음악과 병행되었고, 마지막으로 곡식과 고기를 먹고 술을 마시며 북을 두드리는 행위의 목적이 귀신에게 공경하는 뜻을 드리는 데 있음을 볼 수 있다. 따라서 예악의 기원은 인류의 일상생활과 밀접하며, 또한 무술巫術 행위인 제신祭神과도 긴밀하게 연관되어 있다고 할 수 있다.[191] 이는 곧 상고 시대 인류의 생활과 귀신을 공경하는 종교 행위가 밀접하게 결합되어 있었으며, 제신은 그들의 생활 가운데 매우 중요한 요소였음을 보여준다. 그리고 이러한 예악의 풍습은 원시 공동체가 조직화되면서 은대 무렵에는 소수 귀족 계층에 의한 종교적 의식으로 독점되기 시작했다.[192]

이처럼 예와 악은 상고 시대의 토템 가무歌舞와 종교적인 주술 의식이 진일보하여 완비되고 분화된 것이다. 이것이 체계적으로 완성되는 때는 은·주 왕조가 교체되는 시기로 "주공이 예를 짓고 악을 만들었다周公制禮作樂"는 전통적인 주장의 근거가 된다. 주공은 '예악'의 주요 제정자고 공자는 '예악'의 견실한 옹호자였던 것이다.[193]

또한 예는 종교·무술적인 의미에서 범위가 점차 확대되어 지배자의 활동을 모두 포괄하게 되었다. 그러다가 주대에 이르러 제례 의식 외에 신분에 따라 지켜야 하는 행위 규범 즉 존비귀천의 엄격한 규정이라는 의미가 덧붙여졌다. 이는 예가 사실상 지배 계층이 백성을 통치하는 도구로 사용되었음을 뜻하며, 고대의 사회 생활과 정치 생활 가운데 중요한 위치를 차지했음을 말한다.

그러나 예는 단독으로는 거행될 수 없었고 반드시 악과 함께 보조를 맞추었다. 왜냐하면 제신祭神은 필히 신을 즐겁게 해야 하고, 신을 즐겁게 하기 위해서는 가무와 악무가 없어서는 안 되기 때문이다. 또한 만약 예를 집행하는데 악이 조화되지 않는다면 예의 장엄하고도 숙연한 기분을 살릴 수 없을 뿐 아니라 예의 리듬과 순서도 잃게 되고 급기야 규제할 도리가 없게 되기 때문이다. 이러한 이유로 예가 있는 곳에는 반드시 악도 같이 있었다. 즉 악을 통해 예치禮治의 목적을 달성하려는 것이 당시 악에 대한 통상적인 견해였다.

한편 제사는 최대의 예이기 때문에 악과 제사의 관계 역시 매우 긴밀했고, 그 예에 따라 악 역시 엄격하게 규정되는 것은 당연한 일이었다. 즉 제사를 드리는 대상에 따라 사용하는 악 즉 가는 물론 무, 악장, 악조, 악기 등에 이르기까지 엄밀하게 등급화가 이루어졌다. 이 역시 악이 예를 위한 도구임을 뜻한다.

그뿐 아니라 악은 왕이나 제후, 대부, 사士 등의 일상생활과도 긴밀히 연관되어 있었다. 왕의 일거일동에는 모두 악이 수반되었으며 제후나 대부, 사 역시 신분에 따라 각기 다른 음악이 있었다. 그리고 조근朝覲(신하가 아침에 입궐하여 천자에게 배알하는 것)·연회·영송빈객迎送賓客 등이 모두 일정한 예절에 따라 진행되었는데, 이러한 예절 또한 구체적으로 음악의 리듬에 맞추어 진행되었다.[194]

따라서 공자 이전 시대의 예와 악은 처음부터 긴밀히 연관된 개념으로 형성·발전되어왔다. 이러한 원시 예악은 종교적인 주술적 의미를 지녔으나, 주대에 이르러 예에 차츰 인문적 성격이 가미되었다. 이로써 예는 국가 통치의 근본 원리 내지 지배 질서가 되고 지배자들에게는 등급화된 행위 규범이 되었다. 그리고 악은 이처럼 차별화된 규범으로서의 예의 표현과 실현을 위한 불가분의 도구로 인식되었다.

(2) 공자 이후

그러나 주나라 초 이후의 예악 전통은 춘추 시기에 이르면서 급격한 사회 변동에 의해 붕괴(禮崩樂壞)되기 시작했다. 이에 공자는 고대의 예악, 그 가운데 특히 주의 예악을 전승하면서 새로운 의미를 부여했다. 전통적인 예와 악에서 인성을 배양하고 육성해내는 인의 싹을 발견하고 이를 강조한 것이다.

즉 공자는 비록 예가 강제성을 띤 객관적인 규범이지만 예의 구체적인 실행은 인간에게 적절한 절도와 수식을 요구하며, 예를 갖춘 동작과 자태는 일종의 욕망의 절제이자 순수한 정감의 사회화라고 보았다. 또한 악은 그 자체가 지닌 본질인 조화로움(和)으로 인해 개인 심성에 깊은 감화력을 미칠 뿐 아니라 사회 구성원에 대한 정교적政敎的 효용성을 지닌 것으로 파악했다.

이처럼 공자에게 예와 악의 본질은 '인'이어야 한다. 그래서 그는 "사람이 어질지 못하면 예는 해서 무엇 하며, 사람이 어질지 못하면 악은 해서 무엇 하겠는가?"[195]라 했고 "예다 예다 하고 말하지만 옥이나 비단만을 뜻하는 것이겠는가? 악이다 악이다 하고 말하지만 종이나 북만을 뜻하는 것이겠는가?"[196]라 했던 것이다.

하지만 공자가 이처럼 예와 악에 대등한 의미를 부여한 것은 아니다. 그는 특히 악의 중요성을 강조했다. 그는 시와 예와 악을 인격 형성에 매우 중요한 근원으로 생각했지만 궁극적으로 인격의 완성은 악에 두었다.[197] 왜냐하면 군자가 인격 수양의 힘을 통해 사회를 교화하기 위해서는 악이 예보다 더욱 근원적이고 본질적인 작용을 한다고 보았기 때문이다.

물론 이것은 개인 수양의 차원에서 말한 것이고 정교적 측면에서 말한다면 마땅히 예 역시 중시되었다고 보아야 한다. 왜냐하면 예는 사회 내의 지배자와 피지배자의 적대적이고도 모순적인 관계를 정당하고 필연적인 관계로 엄정하고 장중하게 문식하여 등급화(질서화)하는 절차이기 때문이다. 그래서 공자는 "덕을 갖춘 천자가 아니면 예를 의론하지 않고 악을 만들지 않는다"[198]고 한 것이다.

그러나 이처럼 예와 악을 따로 논하고 있기는 하지만 예악을 전문적인 명사로 사용해 하나의 완정完整한 철학과 미학의 체계를 이룬 것 역시 공자다. 그리고 실제로 그가 고취한 예악은 주공의 '예를 짓고 악을 만드는' 명분을 좀 더 이상화하고 체계화한 것이다.[199]

이처럼 예를 짓고 악을 만드는 것은 본래 동시에 진행되는 것이었으며 이는 이후의 유가 예악 사상을 총결하는 《예기·악기》와 그 이전의 《순자·악론荀子·樂論》에서 명확하게 표현되었다. 즉 '악은 안에서 나오고, 예는 밖에서 만들어진다(樂由中出, 禮自外作)', '악은 같음을 거느리고, 예는 다름을 분별한다(樂統同, 禮弁異)', '악이란 천지의 조화로움이고 예란 천지의 차례다. 조화롭기 때문에 만물이 어울리고 차례를 짓기 때문에 만물이 모두 구별된다(樂者, 天地之和也. 禮者, 天地之序也. 和, 故萬物諧化. 序, 故羣物皆別)', '예의가 서면 귀천이 등급지어지고 악문이 같으면 상하가 조화롭다(禮義立, 則貴賤等矣, 樂文同, 則上下和矣)', '악은 조화를 지극히 하고 예는 공순함을 다하는 것으로 마음속은 화락하고 겉으로는 공순하다(樂極和, 禮極順, 內和而外順)', '악이라는 것은 정감의 변할 수 없는 것이요, 예라는 것은 이치의 바꿀 수 없는 것이다(樂也者, 情之不可變者也. 禮也者, 理之不可易者也)', '악에 전력하여 마음을 다스리고(致樂以治心)', '예를 익혀 몸을 다스린다(治禮以治躬)' 등의 구절이 바로 그것이다. 이것은 예와 악의 밀접한 관계뿐 아니라, 예가 외재적인 규범인 반면, 악은 오직 내재적인 '심', '정'에 직접 호소해야 비로소 예와 서로 도와 이루어질 수 있다는 것도 지적하고 있다.[200]

한편 한나라에 이르러 유가 사상이 국교國敎의 지위를 차지한 이후로 예악 사상은 국가의 문물 제도와 의례의 측면에서 발전하게 되었다. 또한 예악은 유학의 귀착점으로서 개인의 수양과 치국의 근본이며 천지를 본받아 제정한 것이므로 반드시 따라야 하는 것이 되었다. 이후 위진魏晉 시대에서 수당隋唐에 이르기까지의 예악은 길吉·가嘉·군軍·빈賓·흉凶의 '오례五禮'의 구조로 성숙·발전하고, 이는 송대 이전까지 계속된다.[201]

(3) 주자 이후

주자라는 이름으로 더 잘 알려진 송대의 주희朱熹는 북송 오자北宋五子[202]의 학문을 집대성해 근대 서양 철학이 중국에 들어올 때까지 중국인의 사유 방식을 지배해온 성리학性理學 곧 주자학朱子學을 체계화한 인물이다.

당시 유학자들의 궁극적 관심은 불교에 의해 지배받던 현실 속의 인간 관계 혹은 통치 질서를 어떻게 하면 유가적 가치 질서 체계로 재건립할 것인가에 있었다. 그래서 유학자들은 현학玄學과 불교의 논리를 빌려 원시 유학原始儒學을 형이상학적 이론으로 복잡하고 정교하게 포장했는데, 이것이 불교화된 유학 즉 성리학이다. 물론 이때의 불교는 인도 불교 자체가 아니라 노장老莊 철학에 의해 해석된 격의 불교格義佛敎 즉 중국화된 불교다.

성리학의 기본 논리인 '이기론理氣論'은 현학의 '무無'와 '유有'의 관계를 '리理(원리)'와 '기(물질)'의 관계로 응용한 것에 불과하다. 즉 '유'를 생성하는 근원적인 원리일 뿐 그 자체로는 아무런 속성도 개념도 없는 현학의 '무'에 모종의 윤리적 개념을 부여해 새로운 리 개념을 만들어냈다. 이런 사유 방식을 통해 이 세상은 '리'라는 도덕적 원리가 지배한다는 유학 특유의 세계관을 새롭게 부흥시켰다.[203]

따라서 만물이 모두 자신의 리를 가지고 있다면 현실적으로 존재하는 통치 기구로서의 국가에도 통치의 리가 존재해야 한다. 만일 그 국가가 조직적이고 리에 따라서 통치된다면 그 국가는 안정되고 번영할 것이요, 그렇지 못하면 그 국가는 조직이 파괴되어 무질서하게 될 것이다.[204]

주자에 의하면 영원히 존재하며 불변하는 리는 바로 이전의 성왕들이 가르치고 실천한 통치의 원리다. 따라서 리의 현실태인 예의 근원이나 본질 역시 영원한 것이 된다. 그래서 그는 예를 천리天理의 꾸밈이나 조리條理이자 인사人事의 법도法度[205]로 해석했으며, 예의 실천은 반드시 리에 의거해야 한다고 보았다. 그러므로 "예는 천지자연의 이치다. 그 이치가 때를 얻게 되면 번문繁文 말절末節이 모두 그 가운데 있다. '예의삼백禮儀三百'과 '위의삼천威儀三千'은 단지 이러한 도리며, 천 가지 갈래와 만 가지 실마리가 단지 이 한 도리를 관통하고 있을 뿐이다. 공자가 '나의 도는 하나로 꿰뚫어져 있다'라고 했을 때, 증자曾子가 '선생님의 도는 충서忠恕일 뿐이다'라고 말한 이유는 바로 이 때문이다. 대개 도리가 나오는 곳은 단지 하나의 근원이며 사물이 흩어져 보이는 것은 모두 한 사물에서 나오는 것이기 때문이다"[206]라고 한 것이다. 이는 곧 예의 근원이 리이며, 공자의 일관된 도 역시 천지자연의 이치고 천지자연의 이치가 바로 천리라는 것이다.

이처럼 성리학 이론의 발달과 함께 성리학자들은 예를 리와의 관계 속에서 해석하기 시작해 실천적인 예론에 형이상학적인 근거를 제시했다. 물론 이러한 이론적인 근거 역시 예와 도덕 질서 혹은 예와 통치 질서의 관계를 정립하려는 의도에서 나온 것이다. 그래서 주희는 이러한 예의 본질에 대한 이해와 함께 예제의 중요성을 인정했다. 그는 《가례家禮》와 《의례경전통해儀禮經傳通解》와 같은 예서禮書를 저술해 일상생활에서의 의례 실천에도 주목했다.

이와 같이 예는 성리학에서 천도와 인사를 이어주는 매개로서, 이론과 실천을 함께 갖춘 유학의 사상 체계를 확립하는 데 중요한 작용을 했다.[207] 따라서 주자 이후 성리학에서 예와 악의 관계는 예가 천리로 절대화되고 강조되면서, 악은 상대적으로 예의 표현 수단 정도로 이해되었다.[208] 그리고 이러한 예악의 관계는 고려 말 주자학의 전래와 함께 조선시대 통치 이념인 유학 사상의 실천적 기반이 되었다.

이상의 논의를 종합하면 다음과 같다. 공자 이전의 예와 악의 관계는 한마디로 불가분의 관계이나 악은 예를 표현하고 실현하기 위한 도구로 간주되었다. 예가 국가의 근본적인 통치 원리이자 지배자의 행위 규범으로서 신분에 따라 엄격하고도 세밀하게 규정되면서, 악 역시 구체적인 시행이 결정되었다. 그러다가 공자 이후에 오면 원시 예악은 '인' 개념과 결합함으로써 개인의 인격으로 내재화되어 윤리적 규범과 정교적 기능을 지닌 유가적 예악 사상으로 변한다. 이런 면에서 예와 악의 관계는 대등하면서도 긴밀한 상보적 관계다. 그러나 이러한 예악의 관계는 주자 이후 예가 천리로 규정되면서 국가의 절대적인 통치 원리가 되고 악은 이에 부수적인 의미를 갖는 것으로 이해되었다. 이러한 예악의 관계는 조선조에도 그대로 수용되었다.[209]

2.《예기·악기》는 어떤 책인가

(1) 작자

고대 동아시아의 예악 사상을 총결해놓은《예기·악기》는 예악 사상이 가지는 사회적 기능, 예악 사상의 형이상학적 근거, 예와 악의 밀접성, 제작의 주체, 목적, 필요성 등을 집약적으로 논술한 저서다.《주례周禮》·《의례儀禮》와 함께 삼례三禮라고도 불리는《예기》는 지금으로부터 대략 2,200여 년 전 주나라 말기부터 진한대秦漢代 사이의 고례古禮에 대한 유학자의 논설·이론을 집대성한 고전으로 추정된다. 그러나 현재까지《예기·악기》의 작자가 누구인지는 정확하게 밝혀

지지 않았다.

　대략 서한西漢 무제武帝 때의 하간헌왕河間獻王 유덕劉德이
지었다는 설(채중덕蔡仲德[210] 등), 전국 초 공손니자公孫尼子
의 저작이라는 설(곽말약郭沫若[211] 등), 서한 애제哀帝와 평제
平帝 시대의 양성형陽成衡의 저술이라는 설(왕몽구王夢鷗[212]
등) 등이 있다. 이는 현재《예기·악기》가 일정한 시기에 특정
한 인물에 의해 저작된 것이라기보다는 전국 말에서 한 초에
걸쳐 순자학파 계열의 유가 학자들에 의해 이루어진 것으로
보는 일반적인 견해와 맞물려 있다.《예기·악기》는 23장이
나 24장 두 종류가 전해왔는데, 그 가운데 11장은 연속적으
로《예기》와《사기·악서》에 수록되어 오늘날까지 보존되고
있으나 나머지는 소실되었다.

　(2) 주요 주석서

　중요한 주석과 연구서로는 동한東漢 정현鄭玄의《예기주禮
記注》, 당唐나라 육덕명陸德明의《경전석문經典釋文》, 공영달
孔穎達의《예기정의禮記正義》, 장수절張守節의《사기정의史記
正義》, 원元나라 진호陳澔의《예기집설禮記集說》, 청淸나라 왕
부지王夫之의《예기장구禮記章句》, 이광지李光地의《고악경전
古樂經傳》, 왕훤王烜의《악경율려통해樂經律呂通解》, 손희단孫
希旦의《예기집해禮記集解》, 왕인지王引之의《경의술문經義述
聞》, 유월兪樾의《군경평의群經平議》, 오늘날 곽말약의《공손

니자여기음악이론公孫尼子與其音樂理論》, 길련항吉聯抗의《악기역주樂記譯注》, 구경손丘瓊蓀의《역대악지율지교석歷代樂志律志校釋》, 왕몽구의《예기금주금역禮記今注今譯》등이 있다.

(3) 차례

《예기·악기》에 전해오는 11장은 악의 근원, 특징, 미감美感, 사회적 효용, 악과 예의 관계, 형식과 내용의 관계, 고악과 신성新聲의 관계 등에 대해 언급하고 있다. 이는 선진先秦 이래 악 사상 발전의 총결이다. 나머지 12장은 유향劉向의 궁정도서 해제 목록宮庭圖書解題目錄인《별록別錄》에 제목만 남아있으며 명칭은 각각 주악奏樂, 악기, 악작樂作, 의시意始, 악목樂穆, 설율說律, 계찰季札, 악도樂道, 악의樂義, 소본昭本, 소송昭頌, 두공竇公이다.《예기·악기》,《사기·악서》,《별록》에 실린 현존하는 11장의 차례는 〈표〉와 같다.

〈표〉에서 보듯 세 책의 순서는 모두 두서없어 보이는데 이는 옮겨 쓰면서 착간錯簡된 것이라 예상된다. 그런데 11장의 내용은 대략 다음 네 가지로 나눌 수 있다. 첫째는 악의 근원을 논한 "악본", 악의 특징을 논한 "악상", 악을 제작하는 일에 대해 논한 "악언", 둘째는 악의 개인에 대한 감화 작용을 논한 "악화", 악의 백성에 대한 교화 작용을 논한 "악시", 셋째는 예악의 같음과 다름 그리고 그것과 귀신의 관계, 그리고 예악의 사회적 효능 등을 논한 "악론", "악례", "악정", 넷

<표> <악기>의 차례 비교(숫자는 수록된 순서)

	《예기》	《사기》	《별록》
악본	1	1	1
악론	2	2	2
악례	3	3	5
악시	4	4	3
악언	5	6	4
악상	6	7	8
악정	7	5	6
위문후	8	9	11
빈모고	9	10	9
악화	10	8	7
사을	11	11	10

째는 시간의 선후를 차례로 삼아 공자의 악론, 사을의 악론, 자하의 악론으로 구별한 "빈모고", "사을", "위문후" 등이다.

따라서 이 책에서는《예기·악기》의 의미를 분명히 한다는 차원에서 원래의 차례를 따르지 않고 11장을 "악본", "악상", "악언", "악화", "악시", "악론", "악례", "악정", "빈모고", "사을", "위문후" 순으로 새롭게 안배했다.[213]

3. 악과 음악

(1) 천자와 대통령

《예기·악기》는 고대 중국에서 가장 중요하고도 체계적으로 쓰인 최초의 악론이다. 이때 '악'은 보통 '음악'으로 번역한다. 그러나 악과 음악은 마치 천자와 대통령만큼이나 의미망이 다르다. 음악이라는 용어는 근대 일본 지식인이 서양의 'music'을 번역해 들여오면서 생성된 조어다. 고대 동아시아 전통 사회에서 음악이라는 용어는 거의 사용되지 않았다. 따라서《예기·악기》에서 악이라는 용어는 특별한 경우가 아니고는 음악이 아니라 악으로 번역되어야 한다.

물론《예기·악기》에서 악이라는 용어가 완벽하게 논리적으로 일관성을 유지하며 사용된 것은 아니며 심지어는 '성'이나 '음'이라는 용어로 악을 의미하는 경우도 있다. 그럼에도《예기·악기》에서는 근본적으로 '성', '음', '악'을 명백히 구별하고 있으며 그 의미망도 확연히 차별화되어 있다. 그뿐 아니라 악은 예와 같이 논의된다. 예와 악은 음양이나 남녀의 관계처럼 서로의 존재에 의해서만 의미와 가치를 지니는 불가분의 관계다. 따라서 이러한 악을 예와 전혀 무관한 음악으로 단순하게 이해하고 번역하는 것은 예악 사상의 관점에서 이해되어야 할 악을 축소하거나 왜곡할 가능성이 매우 높다. 국내의 적지 않은 관련 논문들이 범하는 오류가 바로 이것이다. 물론 악에는 음악에 대한 내용이 포함되어 있다. 그러나 이 둘을 동일시할 수 있는 경우는 거의 없다. 그러므로《예기·악기》의 악을 오늘날 우리가 알고 있는 음악 개념으로만 이해하고 해석하는 것은 마치 천자를 대통령으로 이해하고 해석하는 것 같은 명백한 오류가 아닐 수 없다.

(2) 음악과 악의 정의

그러면 음악과 악이 어떻게 다른지 살펴보기 위해 우선 오늘날 우리가 알고 있는 음악에 대한 사전적 정의부터 알아보자.

박자, 가락, 음성 따위를 갖가지 형식으로 조화하고 결합하여 목소리나 악기를 통해 사상 또는 감정을 나타내는 예술.214

음을 기본 형상 수단으로 하여 현실을 반영하는 예술의 한 형태. 음들의 부단한 연속과 음률, 음조를 통해 사상 정서적 내용을 표현하며 사람들의 청각을 통해 감수되는 예술이다. 음악은 인간의 내면 세계와 체험을 깊이 있게 펼쳐 보여주며, 인간 생활에 뜨거운 열정과 풍부한 정서와 약동하는 생기를 안겨주는 고상한 예술이다. 크게 성악과 기악으로 나눈다.215

이것은 서양 음악에 따른 정의다. 이 둘 모두 '사상과 감정을 표현하는 음(성악, 기악)의 예술'이 음악의 본질이라 밝히고 있다. 그러면 동아시아의 최초의 체계적인 악론인 《예기·악기》에서는 악을 어떻게 정의내리고 있는가.

무릇 노랫소리는 사람의 마음에서 생기는 것으로, 사람의 마음이 움직이는 것은 바깥 대상(사물, 사태, 현상)이 그렇게 만들기 (바깥 대상의 자극을 받기) 때문이다. 마음이 바깥 대상에 감응하면 감정이 격동하여 반응을 일으켜 목소리가 되어 나타난다. 그리고 (서로 다르게 반응하여 나온) 각종 목소리가 서로 호응하면 (그 가운데) 다양한 변화가 일어나는데, 이러한 변화가 일정한 음률과 음조를 갖추면 노랫소리가 된다. 그리고 여러 노랫소리로 조합되고 구성된 곡조를 악기로 연주하고, 다시 그 위에 간·척·우·모를 잡고 춤추는 것을 악이라 한다.(이 책 21쪽, 이하의 인용문은 이 책의 쪽수만 밝힌다)

이는 《예기·악기》의 첫 편으로 악의 근본에 대해 논하는 "악본"에서 내린 정의다. 여기서는 성, 음, 악을 명백히 구분하고 있다. 우선 악의 근원을 마음에 두고 악의 성립을 '마음→마음의 움직임→성→음→악'의 단계로 설명하고 있는데 이는 성, 음, 악의 명확한 구분을 전제한 표현이다. 또한 이러한 구분을 통해 마음을 어떻게 표현해야 예술에 이를 수 있는지 보여준다. 먼저 성과 음이 전적으로 동일한 것이 아님을 분명히 했다. 그 근거는 음이 마음속에서 움직여 성으로 표현된 것이기는 하지만 성이 문채(형식미)를 이루어야 비로소 음이 된다고 보았기 때문이다.

그 다음으로 설령 성이 음으로 될 수는 있어도 음이 반드시 악이 되는 것은 아니라고 보고 있다. 악은 음만으로는 안 되고 반드시 악기의 연주와 춤이 곁들여져야 하기 때문이다. 따라서 여기서의 음은 악기 반주 없이 부르는 노랫소리 정도의 뜻임을 알 수 있다. 이를 요약하면 성은 음악적으로 무의미한 사람 목소리, 음은 심미적 노랫소리, 악은 음에 악기 연주와 춤이 더해진 것을 일컫는다. 이것이 《예기·악기》에서 말하는 성, 음, 악에 대한 본질적 정의다.

(3) 악과 음악은 어떻게 다른가

음악과 악의 정의를 비교해볼 때 가장 뚜렷한 차이는 춤의 유무에 달려 있다. 서양에도 물론 춤곡이 있다. 그러나 춤이 음악의 정의에서 필수적인 구성 요소인 것은 아니다. 바로 이 점이 악과 음악의 명백한 차이다. 그러나 그뿐만은 아니다.

무릇 음은 사람의 마음에서 생겨나고 악은 (인륜을 포함한) 사물의 이치와 서로 통한다. 이런 까닭에 짐승은 소리만 알고 음을 알지 못하며 보통 사람은 음만 알고 악을 모르며 오직 군자만이 악을 안다. 그러므로 소리를 살펴서 음을 알고, 음을 살펴서 악을 알며, 악을 살펴서 정사의 득실을 아니, 이와 같이 하면 나라 다스리는 이치가 갖추어진다. 그러므로 소리를 알지 못하는 자와는 더불어 음을 말할 수 없고, 음을 알지 못하는 자와는 더불어 악을 말할 수 없다. 악을 알면 예를 아는 상태에 가깝다. 예와 악을 터득한 상태를 두고 덕이 있다고 말하니, 이른바 덕이라는 것은 예악에서 얻음이 있음을 뜻한다.(24~25쪽)

여기서도 성, 음, 악을 명백히 구분하고 있는데, 그 기준은 인식 주체다. 성은 짐승이, 음은 일반 백성이, 악은 오직 군자만이 알 수 있는 것으로 규정된다. 말하자면 일반 백성은 사물의 이치를 이해하지 못하기 때문에 음만 알뿐 악은 알지 못한다는 것이다. 이는 악이 사람에게 미적 감동을 주는 음만이 아니라 사물의 이치를 파악하고 이를 표현해내야 함을 뜻한다. 그리고 여기서 말하는 사물의 이치는 나라를 다스리는 이치를 포함하고 있다. 이런 의미에서 악은 예와 가깝다고 한 것이다. 즉 나라를 다스리는 이치에 대해 잘 아는 자만이 악과 예를 터득할 수 있고, 이것은 곧 통치자의 권력을 정당화하는 본질적 요소인 덕을 갖춘 것이 된다. 이처럼 악은 나라 다스리는 일과 밀접한 관련이 있다. 이는 특히 다음 대목에서 잘 드러난다.

이런 까닭에 선왕은 무엇으로 백성을 감동시킬 것인지에 대해 매우 신중했다. 그래서 예로써 백성의 뜻을 이끌고, 악으로써 백성의 성정을 조화롭게 하며, 정령으로써 백성의 행위를 착착 들어맞게 하고, 형벌로써 백성의 간악함을 막았다. 이처럼 예·악·형·정의 궁극 목적은 단지 하나니, 그것은 곧 백성의 마음을 하나로 모아 사회를 안정시키고 천하를 태평케 하려는 것이다.(22쪽)

이런 까닭에 선왕이 예악을 제정하여 사람들이 스스로 절제하도록 했다……예는 백성의 생각을 절제하고 악은 백성의 성정을 조화하며 정령은 백성의 행위를 단정히 하니 예·악·형·정, 이 네 가지가 모두 충분히 작용하여 어긋남이 없으면 왕도가 완비되고 세상이 태평해진다.(26~27쪽)

이처럼 악의 존재 이유는 백성의 성정을 조화롭게 하여 태평한 세상을 만들려는 것이다. 즉 악은 예·형·정과 함께 치국평천하治國平天下의 수단인 셈이다. 하지만 《예기·악기》 11장 중 특히 "악본", "악화", "악시", "악론", "악례", "악정"에서는 예·형·정 가운데 예만이 악과 연용되거나 예악으로 병칭되어 서술된다. 이러한 사실은 예와 악의 특별한 밀접성이 《예기·악기》의 중요한 주제임을 시사한다. 몇 가지 인용문을 통해 이를 확인해보자.

이처럼 악은 속마음에 영향을 미치고 예는 겉모습에 제약을 가하므로,

악이 지극하면 온화해지고 예가 지극하면 겸손해진다. 그러므로 예악으로 심신을 수양하면 군자의 내심은 온화하고 외모는 겸손해지는데, 이와 같이 되면 백성들이 그의 얼굴빛만 보아도 그와 다투지 않고, 그의 용모만 바라보아도 그를 경박하거나 태만하게 대하지 않는다……그래서 '예와 악의 이치를 깊이 파악하여 그것들을 세상에서 행하면 어떠한 어려움도 없게 된다'고 말하는 것이다.(34~35쪽)

악은 마음속에서 나오고 예는 바깥으로 드러나는 행위를 통해 표현된다. 악은 마음속에서 나오므로 온화하고 고요하며, 예는 바깥으로 드러나는 행위로 표현되므로 일정한 형식적 규정이 있다. 이상적인 악은 반드시 평이하며, 이상적인 예는 반드시 소박하다. 이러한 악이 보급되면 사람들은 원망하는 말을 하지 않고, 이러한 예가 보급되면 고집 부리며 양보하지 않는 일이 없어진다. 그래서 예의를 지켜 사양하는 행위로써 천하를 다스리는 일을 예악이라고 한다.(41~42쪽)

이상적인 악은 천지와 더불어 만물을 조화롭게 하고, 이상적인 예는 천지와 더불어 만물을 통제하고 관리한다……예는 규정이 달라도 사람들을 서로 공경하게 하고, 악은 문채가 달라도 사람들을 서로 사랑하게 한다. 예와 악의 실질은 이처럼 서로 같기 때문에 현명한 임금은 모두 예악을 중시하여 그것을 계속 사용했다.(42~43쪽)

악은 천지간의 사물을 서로 화합하게 하며, 예는 천지간의 사물을 질서정연하게 한다. 서로 화합하므로 만물이 모두 융화하여 공존하고, 질서정연하므로 만물이 모두 구별된다.

악은 하늘의 이치에 따라 제작되고, 예는 땅의 이치에 따라 제정된다. 그래서 예가 땅의 이치에 맞지 않으면 질서가 혼란해지고, 악이 하늘의 이치에 맞지 않으면 조화롭지 못하게 된다. 그러므로 하늘과 땅의 이치를 이해해야만 비로소 예악을 제작할 수 있는 것이다.(43~44쪽)

이처럼 악과 예는 분리해 생각할 수 없을 만큼 밀접하다. 즉 악 없는 예를 생각할 수 없으며 예 없는 악 또한 상정하기 어렵다. 악은 화합, 공존, 동화, 사랑의 원리로 하늘을 본받아 제작되었고 예는 질서, 구별, 통제, 공경의 원리로 땅을 본받아 제작되었다. 이처럼 악과 예가 함께 천지자연의 이치에 따라 제작되어 인간의 내면과 외면에 동시에 작용한다는 인식은, 예악의 가치와 의미가 서로의 존재에 의해 빛을 발하며 불가분의 관계에 있음을 단적으로 보여준다.

이상의 논의를 토대로 악이 오늘날의 음악과 어떤 차이점이 있는지 정리해보자. 첫째, 악에는 음악 이외에 반드시 춤이 포함되어야 한다. 둘째, 악은 특정한 계층만이 제작하고 알 수 있다. 즉 음악은 일반인의 사상이나 감정을 나타내는 데[216] 비해 악은 성왕, 선왕, 군자 등으로 불리는 최고 통치자의 이념이나 덕성을 표상한다. 셋째, 악은 세상을 태평케 하기 위한 하나의 통치 수단이다. 오늘날 음악을 통치 수단으로 생각하는 개인이나 국가는 없다. 넷째, 악은 항상 예와의 밀접한 관련하에서만 의미와 가치를 지닌다. 그러므로 악은 독자적인 의미와 가치를 가진다고 할 수 없다. 왜냐하면 악 안에는 이미 예의 속성이 내재되거나 전제되어 있기 때문이다. 하지만 오늘날의 음악은 대부분 음악 그 자체로 독자적인 의미와 가치를 지닌다. 바로 이런 점들로 인해 동아시아의 악과 오늘날의 음악은 확연히 구분된다. 그러니 어찌 악을 음악으로 이해하고 번역할 수 있겠는가!

4. 악의 존재 이유

이번에는 악과 음악의 차이를《예기·악기》전편을 통해 보다 구체적으로 알아보자. 이를 해결하기 위해 우선 악을 누가 어떤 목적으로 왜 제작했는지를 살펴보겠다. 왜냐하면 이를 밝힐 수 있다면 악을 좀 더 구체적으로 이해하고, 그렇게 되면《예기·악기》의 저자가 악을 통해 궁극적으로 무엇을 주장하려 했는지도 알게 될 것이다.

(1) 누가 만들었는가
《예기·악기》에 의하면 악은 선왕 또는 성인, 천자, 군자 등이 제작했음이 분명하다. 그런데 선왕이 직접 제작했다기보다는 어떤 계기를 마련했다는 의미가 더 강하다.[217] 즉 선왕의 의지에 의해 악이 제작된 것이다. 《예기·악기》11장 가운데 8장("악본", "악상", "악언", "악화", "악시", "악례", "악정", "위문후")에 이런 내용이 명시되거나 암시되어 있다.

이런 까닭에 선왕은 무엇으로 백성을 감동시킬 것인지에 대해 매우 신중했다. 그래서 예로써 백성의 뜻을 이끌고, 악으로써 백성의 성정을 조화롭게 하며, 정령으로써 백성의 행위를 착착 들어맞게 하고, 형벌로써 백성의 간악함을 막았다.(22쪽)

군자가 악을 만들 때는 마음을 근본으로 하여 성을 표현한 후 선율과 리듬 등으로 다듬고 조율한다.(30쪽)

그러므로 선왕이 악을 만들 때는 사람의 타고난 성정에 근거하여……. (32쪽)

선왕은 이러한 혼란을 싫어해 아·송 같은 악곡을 만들어 이끌고……이것이 바로 선왕이 악을 만든 이유다.(36쪽)

그러므로 이것은 군신과 부자의 관계를 화목하게 하며, 일반 백성과 임금 사이를 가깝게 하는데, 이것이 바로 선왕이 악을 만든 이유다. (37쪽)

옛날 순임금이 오현금을 만들어 남풍의 노래를 위해 반주했으며, 기로 하여금 처음으로 악곡을 만들게 하여 제후에게 상으로 주었다. 이처럼 천자가 악을 제작하는 까닭은 제후 가운데 덕 있는 자에게 상을 주기 위해서다.(38쪽)

선왕이 악을 만든 것은 하늘과 땅의 이치를 본받아 백성을 다스리기 위해서이기 때문에 악을 통한 가르침이 매우 타당하면 백성들이 하고자 하는 바가 도덕 규범에 부합하게 된다.(39쪽)

그래서 성인은 악을 만들어 하늘의 뜻에 순응하고, 예를 만들어 땅의 뜻을 드러낸다.(46쪽)

이처럼 선왕은 위와 아래 그리고 앞과 뒤의 구별이 있기에 예악을 만들어 천하에 시행할 수 있었다.(49쪽)

바로 이러한 이치에 근거하여 성인은 도·고·강·갈·훈·지 등의 덕음을 내는 악기를 제작합니다. 그리고 다시 그 위에 종·경·우·슬로 반주하며, 간·척·모·적을 가지고 춤추니……(61쪽)

이상으로 알 수 있듯이 악의 제작 주체는 선왕, 군자, 천자, 성인 등이다. 이들은 유가에서 가장 이상적으로 여기는 고대의 성왕으로 단순한 통치 권력자가 아니다. 이들은 가장 이상적인 행위 규범과 가치 체계를 제도화한 예와 악을 친히 몸으로 체득한 군자이며 유덕자이므로 오직 이들만이 악을 제작할 수 있다.

(2) 왜 만들었는가

그러면 그들은 왜 악을 제작했는가?《예기·악기》에서는 제작 목적을 6편("악본", "악상", "악화", "악시", "악론", "빈모고")에 걸쳐서 반복·설명하는데, 이를 한마디로 요약하자면 '백성을 교화하여 천하를 태평케 하기 위해서'라고 할 수 있다. 이를 소개하면 다음과 같다.

이처럼 예·악·형·정의 궁극 목적은 단지 하나니, 그것은 곧 백성의 마음을 하나로 모아 사회를 안정시키고 천하를 태평케 하려는 것이다.(22쪽)

이처럼 선왕이 예악을 만든 까닭은 결코 사람들의 입과 배, 귀와 눈의 욕망을 극도로 만족케 하기 위해서가 아니라, 오히려 그들을 (예악으로) 가르치고 이끌어서 좋음과 싫음을 절제하게 하여 사람의 올바른 길로 돌아오도록 하기 위해서다.(25쪽)

이러한 악을 시행하면 윤리가 분명해지고, 귀와 눈이 총명하고, 혈기가 화평하며, 풍속이 선을 향하니 세상이 안정된다.(28쪽)

그래서 군자는 타고난 성정을 보존하여 자신의 뜻을 온화하게 하고, 악을 널리 보급하여 백성들을 교화한다. 악이 널리 보급되면 백성들은 올바른 길을 지향하게 되는데, 이와 같이 되면 군자의 덕행이 얼마나 숭고한지 알게 된다.(29쪽)

이처럼 악이 사람을 매우 깊게 감동시키고 풍속을 한층 쉽게 바꾸니, 선왕이 전문 기구를 설립하여 악을 통한 가르침을 나타낸 것이다.(31쪽)

……사람의 착한 마음을 움직여 방종한 마음과 사악한 기분에 영향을 받지 않도록 한다. 이것이 바로 선왕이 악을 만든 이유다.(36쪽)

그러므로 이것은 군신과 부자의 관계를 화목하게 하며, 일반 백성과 임금 사이를 가깝게 하는데, 이것이 바로 선왕이 악을 만든 이유다. (37쪽)

이처럼 천자가 악을 제작하는 까닭은 제후 가운데 덕 있는 자에게 상을 주기 위해서다.(38쪽)

선왕이 악을 만든 것은 하늘과 땅의 이치를 본받아 백성을 다스리기 위해서이기 때문에…….(39쪽)

악은 덕행을 표현하기 위한 것이고, 예는 방종을 막기 위한 것이다.(40쪽)

악을 만든 까닭은 왕업의 공덕에 대한 즐거움을 나타내기 위해서고, 예를 만든 까닭은 나에게 은혜로운 사람에게 보답하기 위해서다.(40쪽)

그래서 예악은 사람들의 정감을 화합할 뿐 아니라 사람들의 태도와 행위를 단정하게 한다.(41쪽)

예는 규정이 달라도 사람들을 서로 공경하게 하고, 악은 문채가 달라도 사람들을 서로 사랑하게 한다.(42~43쪽)

이처럼 악은 이미 성취한 업적을 표상하는 것임을 알아야 합니다.(52쪽)

여기서 알 수 있듯이 선왕이 악을 제작한 목적은 '천하의 태평, 욕망의 절제, 백성의 교화, 풍속의 개선, 백성의 도덕적 순화, 상하 관계의 화목, 제후에 대한 포상, 덕행의 표현, 왕업의 공덕에 대한 즐거움의 표시, 사람들 간의 정감의 화합, 성취한 업적의 표상' 등 다양하다. 여기서 '제후에 대한 포상, 덕행의 표현, 왕업의 공덕에 대한 즐거움의 표시, 성취한 업적의 표상' 등은 모두 악 제작자인 최고 통치자의 권위와 덕을 드러내고 표상하기 위한 것이며 나머지는 결국 백성을 교화하여 천하를 태평케 하려는 목적임을 알 수 있다.

(3) 제작의 필연적 이유

그러면 왜 선왕은 악을 통해서 백성을 교화하려 했는가. 백성 교화의 궁극적 목적이 천하를 태평케 하려는 데 있고 그 방편으로 예, 형, 정이 있는데 왜 꼭 악을 제작해야 했는가.《예기·악기》의 "악본"에서는 그 필연적 이유를 명확하고도 집중적으로 설명하고 있다.

> 사람의 마음은 바깥 대상에서 감동을 받지 않으면 고요한데, 이것은 타고난 본성이다. 바깥 대상에 감동을 받아 마음속의 지력과 감정이 움직여서 표현되는 일은 타고난 욕망이다. 바깥 대상이 나타나면 지력이 그것을 인식하여 좋음과 싫음의 정감이 표현되어 나온다. 그런데 만일 마음이 좋음과 싫음의 정에 대해 절제가 없고 또한 바깥 대상이 끊임없이 유혹하여 자신의 본성을 회복하지 못하면, '천리'를 완전히 상실하게 된다. 바깥 대상의 유혹이 끊이지 않아 인간의 좋음과 싫음의 감정을 절제하지 못할 때 바깥 대상이 나타나면, 사람은 타락하여 짐승이 된다. 사람이 타락하여 짐승이 된다는 것은 하늘이 부여한 인간의 본성, 즉 천리가 완전히 상실되고 인간의 욕망이 방자해짐을 뜻한다……이런 까닭에 선왕이 예악을 제정하여 사람들이 스스로 절제하도록 했다.(26~27쪽)

여기서 "사람의 마음은 바깥 대상에서 감동을 받지 않으면 고요한데, 이것은 타고난 본성이다. 바깥 대상에 감동을 받아 마음속의 지력과 감정이 움직여서 표현되는 일은 타고난 욕망이다"라는 설명은 결국 마음에서 기원하는 악의 존재가 인성의 문제와 직결되고 동시에 《예기·악기》가 근본적으로 순자학파에 속하는 저작임을 보여준다. 말하자면 인성 문제에 있어서 순자荀子의 관점 즉 '성악설性惡說'을 그대로 계승하고 있다는 사실이다.

순자는 원래 인간의 타고난 본성은 깨끗(고요)하나, 그 본성이 바깥 대상의 영향을 받아 움직이는 욕망도 본성으로 인정한다. 바깥 대상에 대한 좋아함과 싫어함이라는 정감의 표현도 타고난 본성의 발현이다. 즉 인간의 욕망을 타고난 본성의 움직임으로 인정하는 것이다. 그런데 이 욕망을 절제하지 않고 그냥 욕망에 맡겨버리면 그가 원래 타고난 깨끗한 본성을 회복하지 못하고, 이러한 사람들로 가득한 사회는 결국 커다란 혼란에 빠져들게 된다. 그래서 정감을 표현하는 데는 절제가 필요한데 이는 예, 형, 정보다는 악을 통해서 더 잘 이루어진다. 예, 형, 정은 인간은 외면을 규제하고 통제하는 반면, 악은 내면 즉 마음(감정)에 직접 작용하기 때문이다. 인간 욕망의 대상인 바깥 사물에 일차적으로 반응하는 것은 마음이다. 이에 비해 예, 형, 정은 이차적으로 반응할 뿐이다. 게다가 당시 형과 정은 평민에게만 적용되지 사대부에게는 해당되지 않는다. 따라서 선왕은 예, 형, 정 이외에 악을 제작하여 인간의 욕망과 관계 있는 호오好惡 등의 정감을 절제하고 깨끗하게 해 예에 부합시키고자 한 것이다.

5. 악을 통한 교화는 어떻게 이루어지는가

그렇다면 악을 통한 백성의 교화는 어떻게 가능한가라는 문제가 대두된다. 즉 악은 어떻게 피지배 계층에게 동일한 의미로 전달되는가? 그리고 그렇게 전달할 수 있다면 그 근거는 무엇인가?

그런데 이를 논하기 전에 우선《예기·악기》에서 악의 본질적 속성을 어떻게 규정하는지부터 살펴봐야 한다. 왜냐하면 악에 의한 마음의 절제와 조화가 악 제작의 필연적 이유라고 했으니 이 문제는 백성 교화가 가능한 근거를 묻는 질문과도 밀접하게 연관되어 있기 때문이다.

(1) 악의 본질적 속성

《예기·악기》의 "악본"에는 악이 본질적으로 인간 마음의 표현이라고 명확하게 제시하고 있다.

① 악은 노랫소리로 구성된 것으로, 노랫소리의 근원은 사람의 마음이 바깥 대상에 감응하여 표현(반영)된 것임을 알 수 있다. 그래서 (바깥 대상에 감동한) 마음이 슬플 때 나오는 목소리는 다급하면서도 가늘며, 즐거울 때 나오는 목소리는 편안하면서 느긋하고, 기쁠 때 나오는 목소리는 드높고도 자유로우며, 노여울 때 나오는 목소리는 격렬하면서 준엄하다. 또한 공경하는 마음일 때 나오는 목소리는 곧고 장중하며, 사랑하

는 마음일 때 나오는 목소리는 온화하고 부드럽다. 그러나 이러한 여섯 가지 목소리는 사람의 본성에 고유한 것이 아니고, 마음이 바깥 대상에 감응하여 나온 결과다.(21~22쪽)

이 글을 요약하자면 악은 음으로 구성되는데 이 음은 인간의 마음이 바깥 대상에 감응하여 밖으로 드러난 것이다. 바깥 대상에 의해 마음속에서 움직인 감정은 성으로 나타나고, 이 소리에 문채와 리듬이라는 형식미가 갖춰지면 이는 곧 음이 된다. 따라서 음은 내재돼 있는 마음이 밖으로 표출된 결과라 할 수 있다.

이와 같이 《예기·악기》에서는 악의 구성 요소인 음의 본질이 인간 마음의 표현임을 분명히 하고 있다. 그리고 음 또는 악을 통한 이러한 마음의 표현은 인간의 본능적 속성에 가까우므로 억제하기 어렵다. 그뿐 아니라 이러한 표현은 인성의 근본인 덕에서 나오기 때문에 조금도 거짓으로 행할 수 없다.

② 덕이라는 것은 인성의 근본이며, 악이라는 것은 덕성의 꽃이다. 금, 석, 사, 죽은 악을 연주하는 기구다. 시는 사람의 포부(흥취)를 말하고, 노래는 마음속에서 우러나오는 소리를 일컬으며, 춤은 사람의 자태와 풍채를 표현한다. 시와 노래와 춤, 이 셋은 모두 마음을 근원으로 삼는 것으로 마음을 시와 노래와 춤으로 표현한 연후에야 비로소 악기가 이를 따라 연주한다. 나아가 감정이 깊고 두터워야 악의 아름다운 선율이

선명하고, 의지와 기개가 왕성해야 악의 변화가 신묘하며, 온화하고 양
순한 덕성이 마음속에 쌓여야 비로소 꽃 같이 아름다운 악을 연주하게
되니, 오직 악만이 한 점도 거짓으로 이루지 못한다.(29~30쪽)

악은 즐거운 것으로 모든 사람이 필요로 하니 억제할 도리가 없다. 그리
고 즐거움은 반드시 성음으로 나타나고, 동정(춤)으로 표현되니, 이는
사람의 통상적인 이치. 성음과 동정은 사람의 타고난 성정과 그것의
다양한 변화를 모두 충분히 표현해낸다.(35~36쪽)

이러한 주장은 기본적으로 악이란 덕의 표상이라는 '상덕
설象德說'을 따른다. 따라서 ①에서 인간 마음의 자연스러운
발로라고 했을 때의 인간이 모든 사람을 염두에 둔 표현이라
면, ②에서 사람은 통치자를 지칭한다고 봐야 한다.

(2) 자연 정감의 인간화

그렇다면 덕성을 갖춘 선왕의 마음 표현을 어떻게 피지배
계층에게 동일한 내용으로 전달할 수 있는가? 즉 음 또는 악
의 의미가 동일하게 전달되리라는 것을 어떻게 확신할 수 있
는가? 이것은 곧 선왕이 백성을 교화하기 위해 제작한 악을
어떻게 백성들에게 전달할 수 있는가의 문제다.

이러한 전달이 가능한 근거를 한 초의 동중서董仲舒가 주
장한 기의 이합집산에 의한 천지자연의 '감응설'에서 찾는

견해도 있다.[218] 그러나 감응설은 당시의 정교한 세계관의 표출이기는 하나 지금의 시각에서 보면 지나치게 막연하거나 신비롭다. 이와는 다른 견해를 들어보자.

> 원래 인간의 동물적이고 본능적인 자연 정감은 감각적(생리적)으로 그 흥분을 표출한다. 그러나 이러한 표출은 사회적인 요구와 규범에 의해 세월이 흐르면서 서로 용해되어, 동물적인 자연 정감은 그러한 사회 문화 요소와의 상호 교융相互交融에 의해 점차 인간화되어가고 형식화되어 간다. 즉 자연 정감의 형식에 사회·문화적 의의와 내용이 스며들기 시작하는 것이다. 이러한 점진적인 형성 과정이 역사 자료와 이론에 반영된 것은 훨씬 후대의 일로, 춘추 시대의 '오미', '오색', '오성'에 관한 논술에서 이러한 성과의 이론 기록을 볼 수 있다.[219]

이러한 견해는 인간의 동물적인 자연 정감이 인간화된 보편적 형식으로 정형화되어왔음을 보여준다. 그리고 인간화된 자연 정감이 세월이 흐르면서 보편적인 형식으로 정형화돼온 현상은 정감 내용과 정감 형식 간의 일정한 상응성이 오랜 세월에 걸쳐 습관화되고 통념화된 결과임을 반증한다.

(3) 보편적 정감 형식
《예기·악기》 가운데 5장("악본", "악상", "악언", "사을", "위문후")은 습관화되고 통념화된 자연 정감 형식이 아무런 비판

없이 필연적이고 보편적인 정감 형식으로 수용되었음을 보여준다.

마음이 슬플 때 나오는 목소리는 다급하면서도 가늘며, 즐거울 때 나오는 목소리는 편안하면서 느긋하고……사랑하는 마음일 때 나오는 목소리는 온화하고 부드럽다.(21~22쪽)

무릇 간사한 소리가 사람을 감동시키면 거슬리는 기분이 응하고, 거슬리는 기분이 구체적 형상을 이루면 지나친 즐거움이 생긴다. 올바른 소리가 사람을 감동시키면 순조로운 기분이 응하고, 순조로운 기분이 구체적 형상을 이루면 조화로운 즐거움이 생긴다.(27쪽)

……가녀리고 미묘하며 다급한 음조가 연주되면 슬픔을 느끼고, 온화하고 선율이 풍부하면서 리듬의 변화가 적은 음조가 연주되면 즐거움을 느끼며……사악하고 어지럽고 경박하고 방종한 음조가 연주되면 음란하게 된다.(31~32쪽)

너그럽고 고요하며 온화하고 정직한 사람은 '송'을 노래하면 적합하고, 뜻이 광대하고 사리에 통달하며 점잖고 진실한 사람은 '대아'를 노래하면 적합하고……온순하면서도 과단성 있는 사람은 '제'를 노래하면 적합합니다.(55~56쪽)

종소리는 우렁차니……군자가 종소리를 들으면 무신을 생각하게 됩니다.(62쪽)

경소리는 확고하니……군자가 경소리를 들으면 강토를 지키다 죽은 충신을 생각하게 됩니다.(62쪽)

현악기의 줄 소리는 슬프니……군자가 금슬의 소리를 들으면 포부가 굳건한 의로운 신하를 생각하게 됩니다.(62쪽)

대나무 악기의 소리는 느긋하니……군자가 우·생·소·관의 소리를 들으면 백성을 사랑한 신하를 생각하게 됩니다.(63쪽)

북소리는 매우 격렬하니……군자가 북소리를 들으면 장수인 신하를 생각하게 됩니다.(63쪽)

이것은 마음과 목소리의 관계, 마음과 노랫소리의 관계, 마음과 악기 소리의 관계에 보편적 상응성이 있음을 전제한다. 말하자면 A라는 소리(목소리, 악기 소리, 노랫소리 등)는 A′라는 정감을 불러일으키고, 마찬가지로 a라는 마음은 a′라는 소리로 표현된다고 보는 것이다. 그러나 이러한 주장의 근거나 타당성에 대하여 《예기·악기》에서는 추호도 문제로 삼거나 이의를 제기하지 않았다. 그 이유는 무엇인가?

그것은 성이나 음 또는 악 속에 포함된 소리에 기쁨, 분노, 슬픔, 즐거움 등의 감정 그리고 통치자의 덕행 등이 당연히 내재해 있다고 보기 때문이다. 또한 인간화된 보편적인 정감 형식에 의해 그 내용도 보편적 필연성을 지니고 상응하는 것으로 파악했기 때문이다. 말하자면 사람이 내는 소리는 자연의 단순한 물리적 음향이 아닌 '인간화된 혹은 사회화된 물리적 음향'이며, 이 '인간화 혹은 사회화'의 과정에서 '정형화된 보편적 의미'가 '보편적 형식' 속에 용해되어 있다. 따라서 이처럼 소리의 보편적 정감 형식 안에는 이미 정형화된 의미가 내재해 있으므로 그 의미는 다른 사람에게도 보편적으로 전달될 수 있고 동시에 다른 사람의 사상이나 감정의 의미도 정형화된 소리의 보편적 정감 형식을 통해 알 수 있게 된다. 그러므로 선왕은 이를 통해 백성을 교화하고 민심을 알아볼 수 있는 것이다.

6. 악론의 특색

《예기·악기》의 악론이 지닌 특색은 무엇인지 정리해보자.

(1) 명교적 효용성

《예기·악기》에서는 악 제작의 목적이 백성 교화를 통한 치국평천하에 있다고 했다. 이는 성왕의 통치를 위한 교화의 효과적인 도구로서만 악의 존재 이유와 가치를 인정하는 것이다. 즉 악의 정서적 감화력을 근거로 백성들의 감정을 순화시켜 그들을 정치·사회적으로 이풍역속移風易俗할 수 있다는, 명교名教적 효용성을 극대화하는 수단으로서만 악의 존재 가치를 인정한다. 그 결과 악의 형식과 내용이 조화로움과 절제 그리고 통치자의 덕을 지녀야 함을 강조하고 그것이 가지는 사회적 기능에 대해 깊은 관심을 가지게 된다. 하지만 악의 존재 이유나 가치가 이와 같이 명교적 효용성의 척도로만 인식된다는 점은, 악이 지닌 고유의 미적 가치나 그것에서 유래하는 심미적 즐거움을 간과하거나 왜곡할 수 있음을 의미하기도 한다.

(2) 도덕적 창작론

《예기·악기》가 기본적으로 악의 도구적 기능성을 중시하는 이유는 음 또는 악을 통해 백성을 교화하려는 목적 때문이다. 따라서 창작의 주체도 앞서 언급한 바와 같이 유가에서 가장 이상적으로 여기는 가치를 체득한 통치자인 성인으로 국한되었고 악을 아는 감상의 주체 역시 군자로 한정되었다. 그러므로 그 내용은 자연히 성인의 덕을 드러내거나〔象德〕, 그들이 이상화한 윤리·도덕의 심미적 표준에 준하는 것이어야 했다. 즉 악의 창작 주체는 지배 계층에 한정되었으며 내용 역시 개개인의 구체적이고 특수한 정감이 아니라 성인의 덕성을 인간화된 보편적 정감 형식의 틀 안에서 표상하도록 했다. 그런데 이러한 정감 표현의 규격화와 전범화의 강화·옹호는, 인간의 자연스러운 성정의 표현을 억압하고 왜곡하는 기제로 작용할 수 있다는 한계를 아울러 지닌다.

(3) 예술적 수양론

《예기·악기》에서는 음 또는 악의 본질을 마음의 표현으로 보고 아울러 그 표현 내용이나 방식이 도덕적 선이어야 한다고 주장한다. 비록 성인과 군자만이 악의 제작 주체이자 감상 주체라고 했으나 유가에서는 모든 사람이 군자의 자질을 지니고 있고 그에 합당한 덕목을 쌓아 이에 이를 수 있다는 잠재적 가능성을 인정하고 있다. 이는 곧 모든 사람이 악을 통해 마음을 수양할 수 있음을 긍정한 것이 된다. 이로써 본다면 악을 통해 백성을 교화하려는 가장 궁극적인 동기는 사회 구성원이 본능적으로 지닌 욕망의 심리 구조 내지 상태를 보편적이며 지미지선至美至善한 정감 형식과 내용에 직접 호소하여 이상적 현실을 실현코자 한 데 있다.

그런데 악에 대한 이 같은 인식은 곧 악이 인간의 순수 정감에 호소하여 인간의 욕망을 순화하고 고양시킬 수 있음을 통찰하고 이를 적극으로 긍정했다는 의미이기도 하다. 이는 곧 《예기·악기》가 인간 심성의 수양에서 차지하는 악의 의

의와 가치를 깊이 깨닫고 있었음을 보여준다.[220]

7. 《예기·악기》의 현대적 의의

(1) 동아시아 전통 문화 철학에 대한 이해

앞서 언급한 바와 같이 동아시아 전통 사회에서 유교의 예악 사상은 무려 2,500여 년 가까이 지배적인 위치를 점유해온 고도의 통치 문화 철학이자 정책이다. 또한 유가 사상을 주체로 하는 예악 전통은 중국 전통 미학의 유구한 역사적 근원으로, 이에 내포된 사회와 자연, 정감과 형식, 예술과 정치, 천과 인 등의 관계, 나아가 자연의 인간화와 인간의 자연화를 어떻게 이해하느냐 하는 것 등은 중국 미학의 중심 테마다. 즉 예악 전통에 대한 이해 없이는 중국 미학의 전통과 그 기본적 특색을 이해할 수 없다. 이는 우리의 경우에도 별다른 차이 없이 적용된다. 그런데 그동안 동아시아 철학계에서는 예를 중시한 나머지 악의 의미와 가치에 대한 연구는 상대적으로 소홀했다. 또한 현대에 와서도 학제가 서구식으로 세분화되면서 악은 예술 부문으로 귀속되어 예와 거의 무관하게 다루어지고 있다. 즉 예는 철학으로, 악은 음악(국악)으로 영역이 격리되어 연구·지도되고 있다.

그러나 동아시아 전통 사회에서 예와 악은 음양이나 남녀의 관계처럼 서로의 존재 없이는 그 진정한 의미와 가치를 확보·이해할 수 없는 관계다. 물론 시대에 따라 예와 악의 강조점의 변화가 있기는 했으나 이 둘이 서로 무관하게 따로 존립한 적은 결코 없었다. 따라서 이러한 예악 사상의 전통을 온전히 이해한다는 것은 동아시아 전통 문화의 정체성과 자긍심을 확립하고 계승하기 위한 선결 조건이다.

(2) 한국 전통 음악 문화에 대한 철학적 이해

서구 문물이 들어오기 전까지 동아시아 문화 전통에서 중국의 역할은 막대했다. 우리나라 역시 고대부터 중국과의 긴밀한 문화 교류를 통해 우리의 음악 문화를 형성·발전시켜 왔다. 따라서 우리의 전통 문화에 대한 이해는 곧 중국을 중심으로 한 동아시아의 문화 전통과 같은 맥락에서 이해되어야 한다. 특히 삼국(사국) 시대 무렵부터 궁중 중심의 음악 문화는 유교의 유입 이후 예악 사상의 영향을 받는데, 이러한 경향은 조선 후기까지 이어진다. 이 내용은 《삼국사기·악지三國史記·樂志》나 《고려사·악지高麗史·樂志》에서 확인된다. 예를 들면 《삼국사기·악지》에는 신라 유리왕儒理王 이후 역대 왕들에 의해 제작된 악가 무일체로서의 악이 존재했다고 기록되어 있다. 즉 한국 최초의 아악은 기록상 신라 유리왕대의 〈회악會樂〉과 〈신열악辛熱樂〉이며, 이후 탈해왕脫解王대의 〈돌아악突阿樂〉, 파사왕婆娑王대의 〈지아악枝兒樂〉, 내해왕奈解

王대의 〈사내악思內樂〉(또는 〈시뇌악詩惱樂〉), 법흥왕法興王대의 〈미지악美知樂〉 등이 있다. 물론 현재로서는 이 아악들이 한국 고유의 아악인지 중국 아악의 영향을 받은 것인지는 확언할 수 없다. 그러나 한국에 아악이 존재함은 명백한 역사적 사실이다.[221]

중국의 경우는 《예기·악기》에서도 보았듯이 아악의 기원을 기원전 11세기 주나라 시대로 상정하고 있다. 그러나 현재 국악계에서는 중국보다 무려 20세기나 뒤진 1116년 고려 예종睿宗 때 송나라에서 들여온 〈대성악大晟樂〉을 우리나라 최초의 아악으로 보고 있다. 그 이전 우리나라에는 중국 아악이든 한국 아악이든 아악이 존재하지 않았다는 것이다. 물론 이런 '참담한' 오류의 원인은 아악에 대한 올바른 이해가 없었기 때문이다.

이런 사태에 대해 여러 원인을 거론할 수 있겠으나 명백한 것은 바로 《예기·악기》에서 말하는 '악'에 대한 이해가 부족하거나 없었기 때문이다. 이처럼 전통 음악에 대한 철학적 이해의 결여는 자국 음악 문화의 명백한 역사조차 이해하지 못하는 슬픈 상황을 야기한다. 우리의 전통 음악 특히 궁중음악(아악, 정악)이 주체적으로, 그리고 동아시아의 문사철文史哲이라는 인문학적 전통의 맥락에서 이해되어야만 하는 이유가 바로 여기에 있다.

(3) 한국 전통 궁중 음악의 현재적 가치에 대한 자각

우리 전통 궁중 음악은 현재 아악 혹은 정악으로 불린다. 이 두 용어는 '아정한 음악'이라는 뜻에서 동일한 의미로 사용되기도 한다. 하지만 아악이 주로 궁중(종묘나 조정 등)에서 특별한 때 즉 국가의례시에 직업 음악인에 의해 공연되는 '의례성이 강한 악'이라면, 정악은 주로 실내에서 선비 또는 문인文人 같은 비직업인이 주축이 되어 연주되는 '비의례적인 악'이라는 차이가 있다.

또한 아악이 공자에서 유래한 용어222인 데 비해, 정악이라는 용어 자체는 중국에는 없고, 우리나라에서 1910년 무렵부터 널리 쓰이기 시작한 조어 또는 차어借語다. 그리고 앞서 소개한 바와 같이 예악 사상을 총결한 《예기·악기》에서 말하는 악은, '의례악'으로서의 아악을 뜻한다. 따라서 이때의 아악은 엄격하게 말하면 20세기 초에 생겨난 우리가 말하는 정악은 아니나, 정악을 심신 수양을 위한 아정하고 정대한 음악이라고 한다면 그 원류라고 할 수 있다.

그렇다면 과거 전제왕권 시대의 산물인 우리의 전통 궁중 음악이, 오늘을 사는 우리에게 어떤 의미와 가치가 있는가? 여러 가지를 말할 수 있겠으나 그 가운데 몇 가지만 소개하면 다음과 같다. 첫째, '고아한 영혼을 위한 느림의 미학'이다. 세계는 지금 빛의 속도로 빠르게 변모하는 과학 기술 시대에 돌입했다. 이에 따라 하루가 다르게 급변하는 사회 환경에 적응해야 하는 사람들의 삶은 어느덧 속도와의 전쟁을 의미하게 되었으며, 그에 따라 그들의 심신은 자신도 모르게 조급하고 격렬하며 직선적인 것에 익숙해졌다. 이런 상황을 중화하고 균형을 잡으려 한다면 그와 반대되는 여유롭고 평온하며 곡선적인 것이 필요할 것이며, 이는 어쩌면 생명력의 자연스러운 욕구일지도 모른다. 그리고 이를 음악에서 찾으려 할 때 바로 장중하면서도 우아하고 느릿한 우리의 궁중 음악은 속도에 상처받은 영혼을 위무하고 평화롭게 하여, 고아한 모습으로 순화하는 역할을 할 수 있으리라 기대된다. 우리의 전통 궁중 음악이 지닌 이런 심미적 기능은, 또한 마음을 치료하는 치유 음악이나 명상 음악, 태교 음악, 다도 음악, 기체조 음악 등으로도 응용될 수 있으리라 본다.

둘째, '유구한 문화 민족으로서의 자긍심 확보'다. 지난 시대의 궁중 음악은 더 이상 우리에게 친숙한 일상적 음악으로서의 생명력을 가지지 못하는 것이 현실이다. 하지만 이를 통해 우리는 박물관의 희귀한 유물처럼 과거 어느 시대의 단면을 직접적이고도 생생하게 확인할 수 있다. 즉 악가무 일체로서의 궁중 음악 문화의 재현을 듣고 보면서, 당시 궁중에서 펼쳐졌을 장엄하고 고아하며 정제된 다양한 종류의 의례 문화를 시공을 초월하여 체험할 수 있다. 물론 우리는 과거 중국 문화권의 강력한 영향을 받았지만, 현재 우리에게 전해진 궁중 음악 문화에는 우리의 '고유한 정감 의식'이 뚜렷이 반영되어 있다. 그러므로 악가무 일체로서의 우아한 우리의 궁중 음악 문화에 대한 체험은, 유구한 전통을 지닌 주체적이며 창의적인 문화 민족으로서의 자긍심을 확인하고 계승하는 소중한 계기가 될 것이다. 나아가 과거 주변국으로서의 우리 민족의 특수한 음악 문화적 경험을, 세계 음악 문화의 발전과 변혁에 창조적으로 기여하도록 하는 데도 원동력이 될 수 있을 것이다.

셋째, '세계화 시대의 차별화된 문화 상품'이다. 세계화 시대로 알려진 21세기는 문화 상품의 경쟁 시대이기도 하다. 각국은 차별화된 문화 상품을 기획 개발하기 위해 투자와 지원을 아끼지 않고 있다. 예악 사상에 토대한 동아시아의 악가무 일체로서의 음악 문화 전통을 이은 우리의 궁중 음악은, 동아시아 특유의 오랜 문화 전통을 가장 상징적으로 재현하고 있을 뿐 아니라, 우리나라를 대표하는 경쟁력 있는 전통 문화 상품 가운데 하나다. 우리의 궁중 음악은 여러 다른 나라 음악은 물론 같은 동아시아권 음악과도 구별되는 독자적인 문화 예술적 특성을 지니고 있다. 따라서 이제 우리가 해야 할 일은 우리의 전통 궁중 음악을 원형 그대로 혹은 현대적으로 리메이크해서, 세계인이 해외에서는 물론 국내에서도 즐길 수 있도록 창의성과 상상력을 발휘해 기획, 연출, 공연(봄, 여름, 가을 야간에 고궁 궁궐에서의 정기적인 상설 공연 등), 홍보 등 글로벌 시대에 맞는 마케팅 전략을 수립하는 일일 것이다.

　이처럼 《예기·악기》는 무려 2,000여 년이나 되는 오랜 전통을 지닌 동아시아 지배 계층의 통치 철학과 문화에 대한 정체성과 자긍심을 확인하게 한다. 아울러 동아시아 음악 문화 전통과 맥을 공유하는 우리의 전통 궁중 음악 문화에 대한 철학적 이해와 현재적 가치를 가능하게 하고 자각하게 하는, 동아시아 문화 전통의 지적 유산이자 인류 문명사의 불후의 고전이다.

1 종묘제례악宗廟祭禮樂은 2001년 5월 18일 유네스코 '인류 구전 및
   무형유산 걸작'으로 선정되어 세계 무형유산으로 지정되었다. 그
   이유는 고대 동아시아의 종주국인 중국에서는 사라져버린 유구한
   음악 문화유산을, 오직 우리나라에서만 재현·감상할 수 있다는 특
   이성과 독자성, 역사성을 인정받았기 때문이다.

2 성인聖人은 유가儒家에서 가장 이상적으로 여기는 '내성외왕內聖外
   王의 덕德을 체득한 인격자를 말한다. 성왕聖王, 선왕先王, 군자 등을
   가리킨다.

3 "악본樂本"은 현존하는《예기·악기禮記·樂記》전11장 가운데 첫 편
   으로, 주로 악의 근원 문제에 대해 논술한다.

4 《예기·악기》에서 가장 중요한 개념인 '성聲', '음音', '악樂'에 대한 정
   의를 명확하게 보여준다. 성, 음, 악이라는 개념이 일관되게 a, b, c
   처럼 정확히 구분되지 않는 경우가 있지만,《예기·악기》의 전체 맥
   락에서 성, 음, 악은 나름대로 뚜렷한 의미 영역을 가진다.

5 '음'은 노랫소리 혹은 음악으로 옮겼다. 음이라 하면 너무 막연하기
   때문이다. 노랫소리는 사람 목소리에 의한 음조音調를, 음악은 노랫
   소리와 여기에 악기 연주를 포함한 것을 뜻한다.

6 《예기·악기》에서 말하는 '심心'은 '천지성天之性' 즉 하늘로부터 품

부받은 착한 본성을 뜻한다. 인간은 나면서부터 감정과 지력智力, 덕성德性을 지닌다는 뜻으로, 오늘날 말하는 이른바 사유 기관으로서의 '심'과는 다르다.

7 노랫소리가 마음 감정의 움직임을 반영한다는 뜻이다.

8 이 부분은 다양한 해석이 가능하다. 이 책에서는 이를 한 사람이 단순히 동물적 목소리를 내는 단계에서 차츰 여러 사람들의 목소리가 서로 호응하면서 심미적 가락으로 변모하는 과정으로 해석한다. 아직 악기가 등장하지 않았기 때문이다.

9 간干은 방패, 척戚은 도끼로, 무무武舞를 출 때 사용하는 무구舞具다. 우羽는 꿩 깃이고 모旄는 소꼬리로 장식한 기旗로, 문무文舞를 출 때 사용하는 무구다.

10 거칠게 요약하면 '성'은 음악적으로 무의미한 사람 목소리, '음'은 심미적 노랫소리, '악'은 음에 악기 연주와 춤이 더해진 것이다. 이것이 성, 음, 악의 본질적 요소다.

11 원문은 "蕎以殺"다. 현대 중국의 음악 미학자인 채중덕蔡仲德은 이를 '빠르고도 가늘다(가녀리다)(急促而細小)'라고 했는데, 초噍에는 애절하다는 뜻이 있으므로 글자 그대로 하면 '애절하고도 빠르다'라는 의미도 된다.

12 원문은 "嘽以緩"이다. '편안하고 시원하면서 느릿(완만)하다(寬舒而徐緩)'라는 뜻이다.

13 원문은 "發以散"이다. '기분이 고조되면서 자유롭다(發揚而自由)'라는 뜻이다.

14 원문은 "粗以厲"다. '격렬하면서 준엄하다(激烈而嚴견)'라는 뜻이다.

15 원문은 "直以廉"이다. '정직하면서 장중하다(正直而莊重)'라는 뜻이다.

16 '바깥 대상과 사람 마음이 매우 밀접한 상관성이 있기 때문에'라는

뜻이다. 바깥 대상이란 사물, 사태, 현상 등을 포함한다.

17 선왕은 유가에서 이상시하는 위대한 지도자인 요堯·순舜·우禹·탕湯·문文·무武·주공周公 등을 가리킨다.

18 사람의 마음에 깊은 영향을 미치는 바깥 대상을 예禮·악·형刑·정政으로 다스린다는 것이다. 여기서 바깥 대상은 인간 사회(공동체)의 다양한 사물, 사태, 현상 등을 모두 포함한다. 즉 예·악·형·정이 존재하는 까닭은 사람(황제 이외의 피지배 계층)의 마음을 통제하고 교화하기 위해서라는 뜻이다. 예와 악은 사대부 계층, 형과 정은 백성에 해당한다.

19 궁宮은 토土에 속하고, 토는 중앙에 있어 사방을 총괄하니 임금을 상징한다. 또한 오음五音 중에서는 줄이 많고 소리가 무거운(탁한) 것을 존귀하게 여기는데 궁은 현이 81줄로 가장 많다. 오음을 순서지을 때 궁의 소리가 가장 탁하고 궁 이하로 조금씩 맑아진다. 따라서 이러한 존비의 서열에 따르면 궁이 가장 존귀한 것을 상징한다.

20 상商은 금金에 속한다. 상의 소리는 탁하기가 궁 다음이기 때문에 신하를 상징한다. 또한 상은 궁 다음으로 많은 72줄이다.

21 각角은 목木에 속한다. 각의 소리는 탁하고 맑은 것의 중간이어서 백성을 상징한다. 백성은 임금과 신하에 비해 낮고 일과 만물에 비해 높기 때문이다. 또한 궁은 탁하고 우는 맑은데 각은 64줄로 그 소리가 궁과 우의 중간에 있어 반은 맑고 반은 탁하다.

22 치徵는 화火에 속한다. 치의 소리는 맑으며 일을 상징한다. 일은 만물보다 낮고 백성보다 못하므로 백성의 다음, 만물의 앞에 온다. 치는 54줄을 써서 소리가 약간 맑다.

23 우는 수水에 속한다. 소리가 가장 맑고 만물을 상징한다. 만물은 일보다 못하기 때문에 가장 끝에 놓인다. 또한 우는 현이 48줄로 가장 맑은 소리를 낸다.

24 이처럼 오음을 군君·신臣·민民·사事·물物에 대비하여 상징성을 부
여하는 것은, 각·치·상·우를 춘·하·추·동에, 팔음八音을 팔풍八風에,
십이율十二律을 십이월十二月에 분배·대응하는 것과 마찬가지로 일
종의 음양오행陰陽五行 사상을 따른 것이다. 또한 한대漢代 사람들이
지닌 신비적인 음악 사상(천인동구설天人同構說, 천인동류설天人同類
說) 등의 결과다.

25 '만慢'의 사전적 의미는 경솔함, 교만함, 완만함, 건실하지 못함, 한
산함, 산만함, 무절제, 부질없음 등이다.

26 궁·상·각·치·우가 어지럽다는 것은 음악적 혼란뿐 아니라 통치
기준이 되는 도량형의 혼란을 의미하며 나아가 국가 질서의 혼
란까지 의미한다. 왜냐하면 궁·상·각·치·우는 각각 그 상수가
81·72·64·54·48인데 고대에는 이와 같은 비율로 율律을 정해 도량
형의 기준으로 삼았기 때문이다. 그러므로 이 대목은 비유 이상의
심각한 의미를 내포한다. 또한 이는 악을 살피면 정사를 알 수 있음
을 가리키는 것이기도 하다.

27 원문은 "鄭衛之音"이다. 춘추春秋 시대 각국에서는 민간에서 신흥 음
악(신성新聲)이 생겨났는데 정鄭·위衛 양국의 신성이 가장 대표적
이어서 '정위지음' 혹은 '정성鄭聲'이라 칭한다. 정鄭나라와 위衛나라
는 당시 상공업이 번창하던 지역이라 퇴폐적인 기풍이 있었다. 《논
어論語》나 《예기·악기》의 "악본", "악언樂言", "위문후魏文侯"에 의거
하면, 정위지음은 변혁을 요구하는 내용과 풍부한 표현력, 깊은 감
화력 등이, 중용中庸의 덕을 드러내고 중화中和의 미美에 들어맞는
'아雅'·'송頌'의 악과는 크게 달랐기 때문에 공자孔子가 이를 배척했
다. 후세에 이르러서는 봉건 통치자에 의해 '음악淫樂', '미미지음靡
靡之音(퇴폐적인 음악)', '망국지음亡國之音'의 대명사가 되었다. 그
리고 정음과 위음이 비난의 대상이 된 까닭은 음악적 측면 때문만

이 아니라 가사 때문이기도 하다. 《논어·위령공衛靈公》편에서 공자가 나라를 다스림에 정성을 내쫓아야 한다고 말한 까닭이 언급된다. 위나라는 이미 멸망해 사람들이 모두 그 음이 망국의 음임을 알지만 정나라는 아직 멸망하지 않았고 정성이 위음보다 더 음일하다고 보았기 때문이다. 즉 이는 사람들이 징계받지 않으면 즐거워하다 저도 모르게 쉽게 휩쓸려 게을러지고 급기야 망하게 될까 봐 우려한 것이다.

좀 더 부연하면 정나라와 위나라는 하남 일대에 있는, 주나라 무왕에 의해 멸망한 은족殷族의 집단 거주지였다. 따라서 정위지음은 은족의 종교와 음악적 체취가 짙게 남아 있는 민족 음악이다. 이러한 정위지음의 특색은 《시경詩經》 가운데 〈정풍鄭風〉·〈위풍衛風〉 그리고 정·위 두 나라 민간 풍속이 기재된 여러 문헌에 보인다. 그에 따르면 정나라·위나라 두 지역의 〈민가民歌〉에는 남녀 간의 사랑 노래가 적지 않은데 대체로 대담하고 열정적인 감정이 충만하다. 또한 《시경》 중 〈국풍國風〉 160편은 기본적으로 모두 민요에 속하는데, 그중 은족의 집단 거주지에서 나온 민요, 즉 〈패풍邶風〉 19편, 〈용풍鄘風〉 10편, 〈위풍衛風〉 10편, 〈정풍鄭風〉 21편 등은 모두 60편으로 전체의 3분의 1이 넘는다. 또한 〈국풍〉 가운데 각 지역의 노래는 대체로 편폭이 짧은 데 반해 이 지역의 민요는 보기 드물게 편폭이 길다. 이와 같이 정위지음이 양적·질적으로 비교 우위를 차지할 수 있었던 것은 은족의 음악이 이미 상당히 높은 수준에 있었기 때문이라 할 수 있다. 그러나 공자가 정위지음을 배척한 것을 당시 민간 음악 전체에 대한 배척으로 확대 해석할 수는 없다. 왜냐하면 공자는 정성이 포함되어 있는 《시경》의 시삼백詩三百을 "생각에 사특함이 없다(思無邪)"고 평가했을 뿐 아니라, 이 모두를 악기에 맞추어 연주한 바도 있기 때문이다. 또한 후대에 와서 공자가 시삼백을 가려 뽑았다는 산시설刪詩說이 나온 점 등을 고려하면, 공자도 어느 정도 정위지음을 인정했다고 여겨진다. 이처럼 정위지음은 내용 면에서 민중의 진실한 감정을 솔직하게 드러내고 형식 면에서 한 가지 틀에 얽매이지 않아 참신한 변화를 갖게 되었다. 이로 인해 정위지음은 이후 각계각층의 사랑을 받으며 새로운 음악의 거대한 조류를 형성했고, 당시 정통 아악雅樂에 강한 충격을 주는 동시에 춘추 말기의 예악 붕괴를 가속화했다. 사회 모순이 첨예화된 서주西周 말기에 풍미하기 시작한 정위지음은 정성에 대한 평가와 아악과의 관계에서 춘추 말기부터 오늘날까지 중국 음악사에서 가장 열띤 쟁점 가운데 하나가 되었다. 또한 사회적으로는 서로 다른 기호와 계층에 속한 사람들에게 갈채와 저주를 동시에 받으며 발전해왔다. 김해명,〈중국 주대 아악의 성쇠와《시경》의 관계〉,《중국어문학논집》제26호 (2004년 2월), 394~398쪽 참조·인용.

28 사연師涓은 춘추 시대 위나라 영공靈公의 악관樂官이다.

29 상간복상桑間濮上은 춘추 시대 위나라 복수라는 강가의 뽕나무 숲 사이를 말한다.《사기史記》에 이르기를 "위나라 영공이 진晉나라에 가는 도중에 '복수' 강가에 거처를 정했는데, 밤에 금琴의 곡조가 들리자 사연을 불러서 그 곡조를 듣고 옮겨 적게 했다. 진나라에 이르러 사연에게 명하여 진나라 평공平公을 위해 그 곡을 연주하게 하니, 진나라 악사인 사광師曠이 이를 듣고 '이것은 사연(師延, 은殷나라 마지막 천자인 주왕紂王의 악사)이 지은 음탕하고 퇴폐적인 악이다. 무왕이 주왕을 정벌하자 사연이 복수에 투신하여 죽었으므로 이 곡조를 반드시 복수 강가에서 듣는다'라고 말했다"고 한다.

30 원래 군자는 서주와 춘추 시대의 귀족을 통칭하는 말이었다. 그러나 춘추 말 이후 군자와 소인은 각각 유덕자有德者와 무덕자無德者라는 뜻으로 변했다. 물론 이는 공자가 부여한 새로운 의미다.

31 《예기·악기》에 포함된 "사을師乙", "위문후", "빈모고賓牟賈"는 이 단락에 대한 추가·보충의 성격을 지닌다. 즉 "사을"에서는 성을 살펴서 음을 안다, "위문후"는 음을 살펴서 악을 안다, "빈모고"는 악을 살펴서 정사를 안다는 실례를 대화 방식으로 보여준다.

32 사향食饗은 천자天子가 3년마다 겨울에 선왕에게 드리는 종묘 제사로 협제祫祭(조상의 신주를 천묘遷廟해 함께 모셔 제사지내는 일)를 가리킨다. 천묘란 천장遷葬이라고도 하는데 무덤을 다른 곳으로 옮김을 말한다.

33 "청묘淸廟", 《시경·주송周頌》. 이는 문왕을 제사지내는 노래로, 청묘란 청명한 덕을 지닌 사람, 즉 문왕을 제사지내는 집(宮)이라는 뜻이다. 《시경·모시서毛詩序》에 의하면 주공이 동쪽에 낙읍洛邑을 이루어놓은 뒤 제후들에게 조회를 받은 다음 그들을 거느리고 문왕의 제사를 지낼 때 부른 악가樂歌(악곡 또는 악장樂章에 따라 부르는 노래)다. 김학주 옮김, 《시경》(명문당, 2002), 650쪽 참조·인용.

34 슬瑟의 모양을 보면 나무로 만든 몸통이 위쪽으로 약간 융기되어 있고 속은 비었다. 머릿단에 1개의 악산岳山, 꼬릿단에 3개의 작은 악산과 현을 매는 4개의 장부(준)가 있다. 양 끝에 현공弦孔이 있고 현의 밑에 슬주瑟柱가 있다. 슬의 밑 부분에는 울림을 위해 구멍을 냈는데 이것을 '활越'이라 한다. 슬의 현을 누이고 활을 소통시키면 음이 낮고 탁해지며 배음이 많아진다. 그리고 여기에 사용하는 슬의 줄은 명주실을 누여서(잿물에 삶아 부드럽고 희게 함) 만든 것인데, 실을 누이지 않으면 소리가 맑고 누이면 탁하다. 또 슬의 밑에 있는 구멍을 성글게 하여 통하게 하면 그 소리가 더디고 완만하다. 이처럼 슬 소리를 탁하고 더디게 하는 까닭은 질박한 소리를 내기 위해서다. 당시 제례 의식에서는 무겁고 탁한 소리를 주로 썼다.

35 슬에 대한 설명은 '담박한 조화로움(淡和)'의 음악관과, '중용지도中

庸之道'의 심미관을 드러내 보인 것이다.

36 이 단락에 대해서는 다음 번역을 참조하라. "악의 융성함은 성음聲
音의 아름다움을 극진히 하는 것이 아니고 사향과 체협諦祫 같은 중
요한 예는 맛의 아름다움을 극진히 하는 것이 아니니, 대개 악은 풍
속을 바꾸는 것을 위주로 하고 제사는 보본반시報本反始를 위주로
한다. 청묘 시를 타는 슬은 붉은 명주실을 누여서 만들었으니, 실을
누이지 않으면 소리가 맑고 누이면 소리가 탁하다. 소疏는 통하게
하는 것이고 활은 슬의 밑에 있는 구멍이니, 성글게 하여 통하게 해
서 그 소리를 더디고 완만하게 하는 것이다. 슬 소리가 탁하고 더딘
것은 소박한 소리고 요묘要妙한 음이 아니다. 이 소리를 처음 한 사
람이 선창할 때 겨우 세 사람만이 따라서 화답하는 것은 화답하는
자가 적음을 말함이니, 성음의 아름다움을 극진히 한 것이 아니다.
그러므로 그것을 좋아하는 자가 적으나 그 가운데에는 다하지 않는
여음餘音이 있다. 그러므로 유음遺音이 있다고 한 것이다. 준尊(술그
릇)에는 맑은 물을 받들고, 조俎에는 날생선을 올리며, 대갱大羹은
양념을 섞지 않았으니, 이러한 것들은 소박한 음식이다. 사람들이
즐기고 좋아하는 맛은 아니지만 그 가운데에는 다하지 않는 여미
餘味가 있다. 그러므로 유미遺味가 있다고 한 것이다. 이로 말미암아
보건대 이는 입과 배와 귀와 눈의 욕구를 극진히 한 것이 아니고 백
성들이 호오를 공평하게 하도록 한 것이니, 호오를 편벽되고 사사
롭게 하지 않게 하는 것이다. 인도人道가 바르지 못함은 반드시 호
오가 공평하지 못한 데서 시작되므로, 호오가 공평함을 얻으면 인
도의 바름을 회복하여 풍속을 바꿀 수 있다." 조남권·김종수 옮김,
《악기》(민속원, 2001), 40~41쪽.

37 《예기·악기》의 서두에서는 모두 '심'을 말했는데, 여기서 비로소 '성
性'을 말한다. 저절로 그러함[自然]을 '성'이라 하고, 하고자 함[貪慾]

을 '욕欲'이라 하는데 욕은 '정情'과 같다.

38 여기서 말하는 욕망은 인간의 타고난 자연스러운 본성이며 그 자체는 선악善惡에 앞선다. 따라서 흔히 쓰는 '욕망을 추구한다'는 말에 내포된 부정적 의미와는 아무 상관이 없다.《예기·악기》에서는 오히려 '절제된 욕망의 흐름'을 긍정하고 있으며, 이상적인 절제를 가능하게 하는 규칙이 바로 예라고 말한다.

39 《예기·악기》에서는 사람과 천지만물의 본성은 천天이 결정하고 부여한다고 여긴다. 천리天理란 하늘이 부여한 인간의 본성을 가리킨다. 그래서 사람은 응당 좋음과 싫음을 절제하고 욕심을 조절하여 바깥 대상에 이끌리지 않고 자신을 돌이켜봄으로써 천리를 보존해야 한다. 또한 천리를 없애고 욕심을 다해서는(滅天理而窮人欲) 안 된다. 이것이《예기·악기》가 제기하는 '이욕설理欲說'이다.

40 사향射鄕에는 대사례大射禮와 향음주례鄕飮酒禮가 있다. 대사례는 제사에 참여할 선비를 선발하기 위해 거행하던 사례射禮(활을 쏠 때 행했던 의식)이고, 향음주례는 향학에서 학업을 마친 후 재예才藝가 뛰어난 자를 가려 제후에게 추천하기 위해 향대부鄕大夫가 주연을 베풀고 빈객의 예로 맞았던 예식이다.

41 사향食饗은 귀한 손님을 밥과 술로 대접한다는 뜻이다.

42 예·악·형·정은 욕망을 조절하여 천리로 되돌아가는 수단이자 방법이다. 이 가운데 예와 악이 중요하며 형과 정은 부차적이다.

43 "악상樂象"에서 상象은 악의 구체적 형상으로, 성음을 내고 악기로 연주하며 무구로 춤추어 악을 구체적으로 표상한다는 뜻이다.

44 구체적 형상을 이룬다는 것은 성음을 내고 악기로 연주하며 무구로 춤추어 악을 표현한다는 뜻이다.

45 간사한 소리(姧聲)와 올바른 소리(正聲)가 구체적으로 무엇을 가리키는지 자세하지 않으나, 대개 사람의 목소리로 본다. 또한 거슬리

는 기분(逆氣)과 순조로운 기분(順氣) 역시 문맥에 의해 인간 몸과 마음속의 기氣를 말하는 것으로 해석한다.

46 사기四氣를 보통 사시四時(사계절)의 기로 해석하나, 여기서는 음陰·양陽·강剛·유柔의 기로 해석하는 견해를 취했다. "악언樂言"장에서 구체적으로 설명된다. 채중덕은 전자를 따랐다.

47 팔풍은 절기에 따라 각각 다른 방향에서 불어오는 바람이다. 여기서 팔풍은 팔음을 상징한다. 팔음인 금·석石·사絲·죽竹·포匏·토·혁革·목은 천지만물의 기본 요소를 대표하는 물질(재료)로, 이를 사용해 만든 악기들을 모두 연주한다는 것은 곧 악이 천지자연의 조화의 표현·반영임을 뜻한다.

48 십이율이 서로 기본음인 궁이 된다는 의미다. 《예기·예운禮運》편에 "오성·육률·십이관이 서로 궁이 된다(五聲·六律·十二管, 還相爲宮)"는 구절이 있다.

49 십이율이 황종黃鐘에서 시작해 중려仲呂에서 마치고, 오음이 궁에서 시작해 각에서 마치며 서로 낳는 것(相生)을 말한다. 즉 서로 낳는 순서로 본다면 궁이 아래로 치를 낳고 치가 위로 상을 낳고 상이 아래로 우를 낳고 우가 위로 각을 낳는다.

50 만상萬象을 악으로 상징하고 그것으로 만상을 관통하는 이치를 표상한다. 이러한 생각은 "악례樂禮"에서도 찾아볼 수 있다.

51 즐거움(樂)은 자발적이고 지속적인 감정인 데 비해 기쁨(喜)은 한순간의 감정이다. 우연히 좋은 일(또는 사물)을 만나 일어나는 감정이 아닌, 오래 묵은 듯 마음에 들어앉은 감정이 즐거움이다.

52 군자가 도道를 즐거워함은 소인이 욕망을 즐거워함과 같다. 군자는 올바름을 즐거워하기에 정성正聲 즉 아악을 즐거움으로 삼고, 소인은 음일함을 즐거워하기에 간성姦聲을 즐거움으로 삼는다.

53 악이 행해지면 사람들이 도로 나아가니 악을 지은 선왕(군자)의 덕

행을 바로 그 악을 통해 살펴볼 수 있다는 의미다.

54 〈무악武樂〉은 주나라 무왕의 악이다. 〈대무大武〉라고도 한다. 주나라
의 악으로 무왕이 주왕을 정벌한 사적을 표상하고 있다. 주나라 초
기에 지어졌는데 작자와 관련해서는 주 무왕 희발설姬發說(무왕이
지었다는 주장, 희발은 주 무왕의 이름), 주공 단설周公旦說(무왕의
동생인 주공周公이 지었다는 주장, 단旦은 주공의 이름), 2인 합작설
등 세 가지 설이 있다. 후대 아악의 전범으로 숭앙된 육악六樂 가운
데 유일하게 보존된 〈무악〉은 기원전 221년 진대秦代에 이르러 〈오
행五行〉이라는 악무로 개명되어 한대까지 계속되다가, 삼국 시기 위
魏 문제文帝 때 원래의 이름을 되찾게 되었다. 그러나 이 역시 공자
시대의 형태를 그대로 유지하고 있다고 보기는 어렵다. 中國大百科全
書總 編輯委員會 音樂舞蹈 編輯委員會,《中國大百科全書──音樂·舞蹈》(北京
: 中國大百科全書出版社, 1998), 691쪽 ; 김해명, 〈중국 아악의 형성과
《시경》의 관계〉,《중어중문학》제33집(2003년 12월), 221쪽에서 참
조하여 재인용.

55 《논어·태백泰伯》편에 다음과 같은 글이 나온다. "공자가 말했다. '악
사 지가 처음 벼슬했을 때 연주한 관저의 종장이 양양하게 귀에 가
득하구나!(子曰, '師摯之始 關雎之亂 洋洋乎盈耳哉!')" 난亂에는 혼란을
다스린다는 뜻이 있다. 음악이 조리 정연하게 연주되면 하나의 악
장이 완성되므로 끝날 때를 난이라 한다.

56 이 단락은 원래 "악시樂施" 끝에 있었는데, 채중덕의 견해에 따라 이
곳으로 옮겼다.

57 "악언樂言"은 악 짓는 일에 대해 말한다.

58 악을 이루어가는 과정을 설명하고 있다. 여기서는 리듬을 익히고(음
의 단계) 확장시키는(악의 단계) 과정을 표현한 것으로 이해된다.

59 "악화樂化"에서는 악의 기능(효용, 용도) 가운데 인심을 감화하고

성정을 도야하는 작용에 대해 논한다.

60 사람을 감화해 선한 마음이 생기도록 하는 악의 작용을 가리킨다.

61 생명이 오래 지속되면 몸과 마음이 자연스러워 천이라 했고, 천은 신묘하여 말로 설명할 길이 없기에 신神이라 했다. 그래서 천은 자연스러움으로 신은 천지신명으로 옮겼다.

62 예악으로 몸과 마음을 다스리면 그 효험이 천하에 미친다는 뜻이다.

63 외모와 행위를 제약하는 것은 피곤한 일이므로 예는 가능하면 간단해야(줄여야) 하고, 악은 사람이 즐거워하기 때문에 가능하면 풍부해야(채워야) 한다.

64 실제로 악의 발산이나 절제는 모두 주체에 달렸지만, 예의 완성 여부는 주체의 실행과 함께 객체의 반응에 달렸다.

65 이와 같이 말할 수 있는 이유는 크게 두 가지다. 첫째, 예와 악이 각각 중화를 얻었다. 둘째, 예와 악이 서로 어우러져 모자라거나 넘치는 것 없이 하나가 되었다. 물론 악의 절제는 예에 바탕하고, 예의 조화로움은 악에 바탕한다는 두 가지 해석이 무관하지 않다.

66 채중덕은 이것이 악무樂舞를 가리킨다고 했으나 문맥상 '즐거움'으로 해석해야 마땅하다.

67 이 단락은 공간의 규모에 따라 국가 단위(종묘)-지역 단위(향리鄕里)-개인 단위(규문閨門)의 층위를 두고 각각 '화경和敬', '화순和順', '화친和親'의 덕목을 제시하며, 이것이 악이 달성해야 할 임무라는 것을 말하고 있다. 특히 모든 덕목 앞에 '화和'를 붙임으로써 악의 궁극적 실현은 '화'의 성취에 있다는 것을 보여준다. 또한 이 단락은 공간을 통해 형성된 인간관계에 주목해서 "악본"에서 언급한 '악은 윤리에 통한다(樂者, 通倫理者也)'는 실례로 이해되기도 한다.

68 '중中'이 되는 음이 바로 중화의 소리라는 의미다. 다시 말해 기본음이 되는 중성中聲을 잘 살펴 선택하여 기초로 삼고, 그것을 궁성宮聲

으로 확정해 이를 주음主音으로 삼아 여러 음을 짚어보고 조율해 음률의 조화로움을 이루어간다. 즉 이 구절은 음률을 고르는 단계를 말한다.

69 악기 연주로 리듬을 아름답게 표현하는 단계를 가리킨다.

70 리듬이 잘 어우러져 악을 이룬 단계를 가리킨다.

71 악의 특징을 세 각도에서 규정한다. 첫째, 악이 성性을 근본으로 하니 천하의 행위를 가지런하게 만든다. 둘째, 악이 정으로 발현되니 인정人情의 중화와 화평和平을 벼린다. 셋째, 악은 인정의 그만둘 수 없는 감정 즉 즐거움에 근원한다. 즉 악은 인정(즐거움)에서 비롯하되 성에 근본을 두고 정으로 발현된다는 의미다.

72 "악시樂施"는 악의 기능을 논하고 제후에게 상을 내리고 백성들을 교화하는 것을 중시하는 내용을 담았다.

73 기夔는 순임금 당시의 악관樂官이다.

74 〈대장大章〉은 요의 악명樂名이다. 요의 덕이 천하에 밝게 빛남을 뜻한다. 〈대권大卷〉 혹은 〈운문雲門〉이라고도 한다.

75 〈함지咸池〉는 황제黃帝의 악명이다. 〈대함大咸〉이라고도 한다. 황제의 덕이 베풀어지지 않는 곳이 없음을 뜻한다.

76 〈소韶〉는 순의 악명이다. 〈대소大韶〉라고도 한다. 순이 요의 덕을 잘 계승했음을 뜻한다.

77 〈하夏〉는 우禹의 악명이다. 〈대하大夏〉라고도 한다. 우가 요순의 덕을 크고 밝게 만들었음을 뜻한다.

78 은殷나라 악은 〈대호大濩〉를 가리킨다. 대호의 '호'는 구제하다는 뜻으로, 탕이 백성들을 환란에서 구제한 것을 뜻한다.

79 주나라 악은 〈무악〉을 가리킨다. "빈모고"에서 거론된다.

80 상은 탕왕이 하나라를 멸망시킨 뒤 붙인 이름이다. 상은 뒷날 여러 차례의 천도를 거쳐 반경盤庚 때 은나라 땅으로 옮겼다. 이로 말미

암아 나라 이름을 은으로 부르기도 한다. 즉 은과 상은 동일한 나라
의 다른 이름이다.

81 대로大輅 또는 대로大路라고도 쓴다.

82 용기龍旂는 용 두 마리가 서로를 틀어 감으면서 오르는 문양을 그린
깃발이다.

83 류旒는 기에 늘어뜨린 깃술을 말한다. 따라서 구류九旒는 아홉 개의
깃술을, 칠류七旒는 일곱 개의 깃술을 뜻한다.

84 보귀寶龜는 길흉을 점칠 때 사용하는 거북 껍질이다.

85 이 절은 문맥상 앞뒤가 어울리지 않는다. 그래서 후대의 여러 주석
가들이 착간錯簡 혹은 탈간脫簡의 가능성을 말한다. 또한 국내 기존
의 다른 번역문들은 '5. 악은 베풂이고 예는 보답이다'와 '6. 천자가
제후에게 보답하는 예'를 "악상" 끝에 부기했는데, 여기서는 《사기·
악서史記·樂書》를 따른 채중덕의 견해를 취했다.

86 "악론樂論"은 주로 예악의 사회적 기능을 논술했다.

87 악을 본성(性)이 아닌 감정(情)의 측면에서 조망하는 것이 "악론"의
특색이다. 이성적 성격이 강한 예와 상대적인 관계에 있는 악의 감
성적 성격에 초점을 맞추었다.

88 어짊(仁)과 의로움(義)을 거론하는 것은 예와 악의 관계가 음과 양,
인과 의의 관계처럼 하나의 근원에서 나와 서로가 서로를 필요로
하는 관계이기 때문이다. 또한 인은 악과 가깝고 의는 예와 가깝다.
그래서 악은 예를 조화롭게 하니 예가 조용하고 급박하지 않은 까
닭은 바로 악 때문이고, 예는 악을 절제시키니 악이 절제되어 지나
치지 않은 까닭은 바로 예 때문이다. 《예기·악기》에서 예와 악을 짝
지어 말한 까닭이 바로 여기에 있다.

89 이에 대해서는 세 가지 해석이 가능하다. 첫째, 악은 생래적 본성에,
예는 후천적 수양에 기초한다. 둘째, 악은 내적으로 발현되고, 예는

외형으로 표현된다. 셋째, 악은 내면적·정신적인 것에서 시작하고,
예는 외면적·신체적인 것에서 시작한다.

90 《논어·안연顏淵》에 다음과 같은 글이 있다. "사마우司馬牛가 근심하
여 말하기를 '남들은 다 형제가 있는데, 나만 홀로 없구나!'라고 했
다. 자하子夏가 말하기를 '내가 들으니, 죽고 사는 것은 명命에 있고,
부귀는 하늘에 달렸다고 했소. 군자가 공경하여 잃음이 없고 사람
들에게 공손하여 예를 지키면 사해의 안(온 세상 사람들)이 다 형제
니 군자가 어찌 형제 없음을 근심하리오?'라고 했다(司馬牛憂曰, '人
皆有兄弟我獨亡.' 子夏曰, '商聞之矣. 死生有命, 富貴在天. 君子敬而無失, 與人
恭而有禮, 四海之內皆兄弟也, 君子何患乎無兄弟也?')." 자하는 공자의 제
자이며 성은 복卜이고 이름은 상商이다.

91 형체가 밝게 보이는 곳에는 예악이 있어 천지의 조화를 주관하고,
형체가 그윽해 보이지 않는 곳에는 귀신이 있어 천지의 조화를 주
관한다는 뜻이다.《주역周易·계사繫辭》상권에 "역은 천지와 비기니
천지간의 도리를 두루 포함한다. 우러러 하늘의 문채文彩를 보고 굽
어 땅의 무늬를 살펴, 밝게 형체가 있거나 그윽이 형체가 없는 일의
이치를 안다(易與天地準, 故能彌綸天地之道, 仰以觀於天文, 俯以察於地理,
是故知幽明之故)"라고 했다. 여기서 '하늘의 문채'란 해·달·별 같은 천
상天象을, '땅의 무늬'란 산·강·들 같은 지형地形을 말한다.

92 약籥은 구멍이 세 개 또는 여섯 개 있는 대나무로 만든 피리를 말한다.

93 보궤簠簋는 기장과 피 등의 곡식을 담는, 대나무로 만든 제기祭器다.
보簠는 안이 둥글고 바깥이 네모나며, 궤簋는 안이 네모나고 바깥이
둥글다.

94 조두俎豆는 고기를 담는, 나무로 만든 제기다.

95 예를 행할 때 나아가고 물러서며 읍양揖讓하는 일체의 동작을 가리
킨다.

96 석의裼衣와 습의襲衣는 고유명사가 아니라 예복 제도상의 옷차림을 가리킨다. 고대의 예복 제도하에서 겨울에는 갖옷(裘), 여름에는 갈옷(葛)을 입는다. 이 갖옷이나 갈옷 위에 화려하게 무늬를 수놓은 겉옷(조의罩衣, 솜옷 위에 걸치는 덧옷)을 입는데 이것을 '석의'라 한다. 이 석의 차림 위에 다시 정복正服을 입는 것을 '습의'라 한다.

성례盛禮일 경우 질박質朴을 숭상하기에 정복의 앞 옷깃을 잘 여며서 화려한 속옷이 드러나지 않도록 하는데, 이것을 '습엄襲掩'이라고 한다. 성례가 아닐 경우 문식을 숭상하기에 정복의 앞 옷깃을 풀어헤쳐서 화려한 속옷을 드러내니, 이것을 '단석袒裼'이라고 한다. 성례에서는 습을 공경으로 여기고, 성례가 아닌 경우에는 석을 공경으로 여긴다.

97 쇠(金)로 만든 악기로는 특종特鐘, 편종編鐘, 요鐃, 탁鐸 등이 있고, 돌(石)로 만든 악기로는 특경特磬, 편경編磬이 있다.

98 "악례樂禮"는 계속해서 예악의 사회적 기능을 논술하며, 특히 악과 예의 비교를 중시한다.

99 〈무악〉에서의 간척의 춤은 무무로서, 공자가 평한 바와 같이 지극히 좋고 지극히 아름다운 〈소악韶樂(순의 악)〉만 못하기 때문에 완벽한 악이 아니라고 한 것이다. 또한 희생의 고기를 삶아 익혀서 제수祭需로 바치는 것은 옛날 희생의 피와 날고기로 지내는 제사가 예의禮意를 얻은 것만 못하다. 그래서 이상적인 예가 아니라고 한 것이다.

100 오제五帝는 성인으로 꼽히는 다섯 명의 제왕이다. 황제(헌원軒轅), 전욱顓頊(고양高陽), 제곡帝嚳(고신高辛), 요, 순을 가리킨다. 황제의 악은 〈함지〉, 전욱의 악은 〈육경六莖〉, 제곡의 악은 〈오영五英〉, 요의 악은 〈대장〉, 순의 악은 〈소〉다.

그러나 오제에 대한 학설은 분분하다. 태호太皞(복희伏羲), 염제炎帝

(신농神農), 황제, 소호少皞, 전욱 또는 소호, 전욱, 제곡, 요, 순 등을 거론하기도 한다.

101 삼왕三王은 하夏의 우왕禹王, 상商의 탕왕湯王, 주周의 문왕과 무왕을 말한다. 문왕과 무왕은 부자父子 사이로 한 임금으로 본다.

102 오제와 삼왕은 저마다 자신의 업적과 통치 체제를 기반으로 예악을 제작했다. 또한 오제는 악을 숭상하고 삼왕은 예를 귀하게 여겼기 때문에 악은 오제 때 흥했고 예는 삼왕 때 성했다. 오제 때는 덕을 숭상해 화동和同에서 의리를 찾고, 삼왕 때는 예를 숭상해 구별에서 의리를 취했다.

103 만물은 각자 성질이 다르므로 억지로 화합시키지 못하니 이는 조화가 사람에게 자연의 예제禮制를 보인 것이다. 천지의 기운이 서로 어울려 만물이 생육하고 도타워져서 홀로 다르지 않으니 이는 조화가 사람에게 자연의 악정樂情을 보인 것이다.

104 작물의 생장은 하늘[天, 乾] 즉 창시력創始力과 같고, 수확하여 저장함은 땅[地, 坤] 즉 성형력成形力과 같다. 따라서 전자는 건의 현현인 악과 가깝고, 후자는 곤의 현현인 예와 가깝다. 인仁이란 인애仁愛를 주로 하고, 악은 화합을 주로 한다. 그래서 인은 악과 가깝다. 의義란 단정斷定을 주로 하고, 예는 절제를 행한다. 그래서 의는 예와 가깝다. 인이란 양의 베풂[施]이기 때문에 악에 가깝고, 의란 음의 삼감[肅]이기 때문에 예에 가깝다. 성인은 악을 지어 하늘에 조응하고 양을 본받아 만물을 낳는 인으로 삼으며, 예를 만들어 땅에 짝짓고 음을 본받아 만물을 이루는 의로 삼는다.

105 예는 천지의 질서고, 악은 천지의 화해임을 거듭 밝히고 있다. 높고 낮으며 흩어져 갖가지임은 바탕이 갖추어진 것으로 천지자연의 질서인데, 성인이 이를 본받아서 예제가 실행된다. 두루 흐르며 화합함은 기가 흐르는 것으로 천지자연의 화해인데, 성인이 이를 본받

아서 악이 일어난다. 봄에 태어나 여름에 자람은 천지가 만물을 낳는 인으로서, 기가 흘러서 함께 화합하기에 악에 가깝다. 가을에 거두고 겨울에 갈무리함은 천지가 만물을 이루는 의로서, 바탕이 갖추어져 질서 있게 구별되기 때문에 예에 가깝다. 신은 양의 영靈이고, 귀鬼는 음의 영이다. 대개 악은 천지의 화해를 도탑게 하여 양의 낳음(生)을 발달시키고, 예는 천지의 마땅함을 분별하여 음의 이룸(成)을 안정시킨다. 그러므로 성인은 악을 지어 하늘이 만물을 낳는 일에 조응시키고, 예를 만들어 땅이 만물을 이루는 일에 짝지었다.

106 이것은 사람에게 예악이 없을 수 없음을 말한 것이다. 대개 천지에는 모름지기 자연의 예악이 있지만, 사람의 예악 역시 천지의 화육에 영향을 미친다. 그래서 악이 없으면 기화氣化가 제때 이루어지지 않아 만물이 자라지 못하고, 예가 없으면 남녀 구별이 없게 되고 서로 업신여겨 화란禍亂이 일어난다. 대개 예악은 천지와 서로 감통感通하므로 예악이 일어나지 않으면 사람이 하는 일이라 해도 바깥 대상을 해치고 화란을 부를 수 있다. 이것이 바로 천지의 본모습이다.

107 예는 하늘의 높음과 땅의 낮음을 본받고 악은 땅의 기운이 위로 오르고 하늘의 기운이 아래로 내려옴을 본받으니, 예와 악이 하늘과 땅 사이에 충만하다는 뜻이다.

108 예악의 도가 천지에 두루 차서 구현되는 모습을 비유한 것이다.

109 예악이 천지만물의 생성과 합치함을 가리킨다. 악이 만물을 낳고 끊임없이 흐르는 것은 하늘이 행하는 것과 일치하고, 예가 만물을 이루며 고정되어 있는 것은 땅이 행하는 것과 일치한다. 또한 예악이 한 번 움직이고 한 번 고요한 것은 천지 사이에 퍼져 있는 만물이 저마다 한 번 움직이고 한 번 고요한 모습과 똑같다.

110 《논어·양화陽貨》에 "공자께서 말씀하시기를, '예다 예다 하고 말하지만 옥이나 비단만을 뜻하는 것이겠는가? 악이다 악이다 하고 말

하지만 종과 북만을 뜻하는 것이겠는가?(子曰, '禮云禮云, 玉帛云乎哉?
樂云樂云, 鐘鼓云乎哉?')"라는 표현이 있다.

111 "악정樂情"에서는 예악의 사회적 기능을 논술하고 '근본을 궁구하
여 변화를 아는 것이 악의 본질(窮本知變, 樂之情也)'임을 강조한다.
여기서 악은 기예에 숙달하는 일은 부차적인 것이고 예악의 본질을
깨닫는 것이야말로 중요함을 뜻한다.

112 악은 변해서는 안 될 감정을 표현하고, 예는 바뀌어서는 안 될 이치
를 표현한다.

113 만상의 근원에 있는 원리를 파악해 그 원리의 다양한 발현 양태를
이해한다는 뜻이다.

114 문맥상 주체인 예악이 천지의 본질과 신명의 덕을 바탕으로 천신과
지신을 내리고 불러서 만물의 형상을 완성하고 거기에 일정한 질서
를 부여한다는 것이다.

115 여러 대상이 각각의 본성을 따르게 되는 이유는 악도樂道가 그렇게
만들었기 때문이라는 것이다.

116 이 단락의 처음에서는 예악을 함께 논했는데 뒤에서는 오직 악이
감동시키는 바를 논하고 예의 효과는 논하지 않았다. 기록자가 악
에 주목해 특히 악의 효용을 기렸지만, 악의 효용이 이와 같으니 예
도 마찬가지라 할 수 있다.

117 종축宗祝은 종인宗人과 대축大祝을 말한다. 종인은 종묘 제사를 관장
하는 벼슬로서 종백宗伯을 가리키고, 대축은 신사神祀를 주관하는
벼슬로서 축관祝官의 우두머리다.

118 신주神主는 죽은 사람의 위패位牌를 말한다.

119 상축商祝은 은나라 예를 잘 아는 사람이다. 은나라는 질박을 숭상했고,
상례喪禮는 질박을 위주로 하므로 은나라의 예를 겸용하는 것이다.

120 종묘에서 공경은 시동尸童(제사 때 신을 대신하는 아이, 후세에는

화상畵像을 썼음)의 몫이고, 상례에서 슬픔은 상주喪主의 몫이다. 그러므로 시동과 상주 뒤에 있는 존재는 가벼운 역할을 맡았으리라 짐작할 수 있다.

121 덕은 예악을 주관하는 자의 덕성을 가리키는 것으로, 예악의 내용을 이룬다.

122 "빈모고"는 빈모고賓牟賈와 공자가 무악 문제에 대해서만 서로 묻고 대답하는 내용을 담고 있다. 빈모가 성이고 고가 이름이다. 당시의 악사로만 추정될 뿐 자세히 알려져 있지 않다.

123 이 절 이하의 문답은 〈무악〉만을 논한 것으로, 공자가 묻고 빈모고가 답했다. 대개 질문하여 그 덕을 살펴서 덕의 내용을 바로잡고자 했다.

124 '상성商聲'은 상나라의 악성 또는 살벌한 악성(殺伐之聲) 두 가지로 해석된다. 전자의 경우 무왕의 악성이 상나라의 악성에까지 미치는 까닭은 상나라를 취하려는 마음 때문이라는 해석이 가능하다. 후자의 경우는 상성을 금속음을 내는 살벌한 악성으로 보아 살상의 마음이 담겼다고 해석할 수 있다. 어느 것으로 보든 성인인 무왕의 악으로 보기에는 부적절한 부분이 있다. 무왕의 상나라 정벌은 주왕의 포학함을 없애고 백성을 구원하겠다는 마음에서 비롯된 것인데 전자의 해석을 받아들이면 무왕이 권력 쟁취의 사욕을 가졌다는 뜻이 되고, 후자의 해석을 받아들이면 무력을 거둬들여 문치를 닦아야 할 때 여전히 살상의 마음을 가지고 있었다는 뜻이 되니, 성인의 이미지와는 거리가 있게 된다. 그러나 어떻든 이 두 가지 해석은 모두 성인으로서 무왕이라는 이미지를 전제하고 논의되었다는 신화화의 특징을 지니고 있다. 그렇다면 이와 달리 음악적 차원에서 궁·상·각·치·우의 상성으로 보면 안 될까? 이 경우 무왕이 목야에서 전쟁을 치르면서 지었던 악장들이 모두 궁조宮調였다고 지칭한 영주

구령주구伶州鳩의 말에 따라, '악성이 상성까지 미쳤다(聲淫及商)'는 말은 '유사가 잘못 전한 것이다'라고 했던 옹방강翁方綱의 견해가 참고할 만하다. 영주구는 주 경왕景王 때의 악관으로, 악에 대한 경왕의 질문에 답하면서 12율명律名을 거론했는데, 문헌(《국어國語》)상 12율명이 구체적으로 거론된 것으로는 최초다. 옹방강은 청淸나라의 서예가이자 문학가, 금석학자다. 자는 정삼正三, 호는 담계覃溪이며 진사, 내각학사內閣學士를 지냈다. 저서로《복초재전집復初齋全集》,《양한금석기兩漢金石記》,《경의고보정經義考補正》,《예기부기禮記附記》가 있다.

125 장홍萇弘은 주나라 경왕景王, 경왕敬王 때의 대부大夫다.《대대예기大戴禮記》와《공자가어孔子家語》에 의하면 공자는 일찍이 장홍에게 악을 배웠다.

126 이는 공자가 빈모고의 대답에 긍정적인 평가를 내렸음을 뜻한다.

127 자신이 앉았던 자리에서 물러서며 공경을 표시하는 것이다. 이후 문맥에서 '묻다'로 번역한 부분은 원문에는 '청請'이나 '감문敢問'으로 되어 있는데, 이 역시 공자에 대한 빈모고의 공경심을 표현한 것이다.

128 이것은 빈모고가 앞서 자신이 대답한 일 가운데 깨닫지 못한 부분이 있어 공자에게 질문하는 것이다.

129 6단계(六成)로 구성된 〈무악〉 가운데 춤의 각 단계마다, 춤출 때 갑자기 시작하지 않고 시간적 여유를 두는 것을 말한다.

130 주 무왕의 동생인 주공은 주나라 땅(지금의 섬서성 기산 동북)에 봉해져서 주공으로 불린다. 봉은 새로이 땅을 주었다는 의미로 이전까지는 토지가 없었음을 의미한다. 주공은 무왕을 도와 상나라를 멸망시켰고, 무왕이 죽은 뒤에 어린 성왕成王을 도와 섭정했다. 주대의 전장 제도典章制度는 대개 그를 통해 이루어졌다. 뒤에 노魯나

라 땅에 봉해져서 노나라의 시조가 된다.

131 소공召公은 소공邵公, 소백召伯, 소강공召康公으로도 불리며, 이름은 석奭이다. 소召(지금의 섬서성 기산 서남)에 봉해졌고, 무왕을 도와 주왕을 정벌했다. 성왕 때 태백太伯이 되어 섬陝나라 땅을 경계로 주공과 함께 다스렸다. 뒤에 연燕나라 땅에 봉해져 연나라의 시조가 된다.

132 이 단락과 다음 단락의 순서는《중국 음악 미학사 자료 주역中國音樂美學史資料注譯》(北京 : 人民音樂出版社, 1995) 과 달리《악기집석樂記集釋》(청계, 2002)과《악기》에 따랐다.

133 태공太公의 성은 강姜이고 이름은 상尙이다. 조상이 여呂나라에 봉해졌으므로 여상呂尙이라 불렸다. 위수渭水가에서 낚시질하며 은둔 생활을 했는데, 문왕이 그를 만나 "우리 태공(문왕의 할아버지)이 그대를 만나기를 바란 지 오래되었다(吾太公望子久矣)"고 한 데서 태공망太公望이라는 이름이 생겼다고 한다. 그는 문왕에게 발탁되어 재능을 발휘했으며 후에 무왕의 스승이 되었다. 이어 무왕을 도와 주왕을 토벌하는 데 공을 세워 제齊나라에 봉해짐으로써 제나라의 시조가 되었다.

134 탁鐸은 방울 모양의 악기로, 고대 법령을 선포하거나 전쟁 때 사용했다. 흔히 청동으로 만든다. 소리를 내는 혀(舌)의 재질에 따라 목탁木鐸과 금탁金鐸으로 나뉘는데 무악에 쓰인 탁은 금탁이다.

135 이 부분은 주왕의 정벌을 위해 출정하던 무왕이 제후들이 모이기를 기다리는 모양을 표상했다고 통상 이해한다. 그러나 이미 앞에서 무왕의 정벌을 언급했기 때문에 여기서는 오히려 무왕이 주왕을 정벌한 뒤 다른 제후들이 스스로 자신에게 귀의하기를 기다리는 것이라고 보는 견해도 있다. 그러나 이 부분이 앞부분의 내용("또한 연행 중에……")을 좀 더 부연하고 있다면 통설이 옳다.

136 목야는 주나라 무왕이 은나라 주왕을 밀어내고 토벌한 땅으로 당시 상나라의 도읍인 조가 남쪽 70리에 있었다. 조가는 지금의 하남성 기현의 남방이다. 이 역사적 사실은 《서경書經》의 〈목서牧誓〉와 〈무성武成〉에 기록되어 있다.

137 문맥상 "무왕이 거기서 은나라를 이기고 상의 수도 조가에 이르러서는"에서 앞의 은은 상殷나라의 군대를, 뒤의 상은 도읍을 지칭한다.

138 하후씨夏后氏의 후손은 하나라의 후손을 가리킨다. 하나라 우임금은 순임금에게서 선양을 받았으므로 임금 후后자를 써서 후씨라 했다. 그러나 은나라는 무력으로 걸왕을 정벌하여 권력을 획득했으므로 후씨라는 명칭을 쓰지 못했다는 설이 있다.

139 계는 지금의 북경 서남쪽, 축은 지금의 산동성 장청현 동북쪽, 진은 지금의 하남성 회양 일대, 기杞는 지금의 하남성 기현, 송은 지금의 하남성 상구현이다.

140 은나라는 제후로 격하되어 있었지만 원래 천자의 나라로서 옛 영토가 있었다. 그래서 은나라의 후손에 대해서는 봉이라 하지 않은 것이다.

141 비간比干은 주왕의 숙부인데 주왕의 악정惡政에 대해 간언하다가 피살되었다고 한다.

142 묘를 보수하는 것은 현인賢人을 높이는 일이다.

143 기자箕子는 주왕의 숙부이자 은나라의 태사太師다. 자주 간언하다가 잡혀 종이 되었다. 은나라가 망한 후에 고조선에 도망가 기자조선을 창업했다고 전해진다.

144 상용商容은 상나라의 현인으로 예악을 담당했다. 주에게 간언했다가 서인으로 폐해졌다.

145 상나라의 수도 조가는 황하의 동쪽이고 주나라의 수도 호경은 황하

의 서쪽에 있었다. 즉 서쪽으로 갔다는 것은 주나라로 돌아왔음을 뜻한다.

146 화산은 섬서성 화음현에 있는 산이다. 오악五嶽의 하나로서 남쪽의 산악을 대표한다.

147 건建은 건鍵과 같고 열쇠라는 뜻을 지니고 있으므로 잠가서 갈무리함을 말한다. 고櫜 는 병기와 갑옷의 집이다. 따라서 건고는 더 이상 병기를 쓰지 않게 된 상황을 말한다. 당시 옛 무왕은 도읍을 이미 정복했지만 주왕과 악행을 저질렀던 사람들은 주나라에 귀의하지 않고 계속 의구심을 품고 있었기에 무왕이 병기를 갈무리하여 마음을 안정시켰으니, 한때의 권도權道라 할 수 있다.
원문과 달리 채중덕의 견해에 따라 "이를 일러 '건고'라 합니다"를 "또 부대의 총수總帥와 고급 장교를 제후로 봉했습니다"라는 문장 앞에 두어 옮겼다.

148 교郊에 마련된 사궁射宮에는 동학東學과 서학西學이 있다. 여기에서 천자와 제후가 활쏘기를 할 때 시를 노래해 절제하게 한다. 이때 〈이수貍首〉와 〈추우騶虞〉가 불리는데, 〈이수〉는 가사가 전하지 않으며 〈추우〉는《시경·소남召南》에 나온다.

149 군대에서는 예를 익히지 않으며 오직 활을 쏘아서 갑옷 꿰뚫기를 위주로 한다. 즉 정곡正鵠을 맞추기보다는 갑옷을 걸어놓고 쏘아 깊숙이 박는 일을 주로 한다. 그런데 예사禮射를 실행하면서 이러한 활쏘기는 하지 않게 되었다. 예사는 임금이 의식이나 잔치를 베풀 때 음악을 연주하면서 행하던 활쏘기를 말한다.

150 조현朝見은 신하가 아침에 입궐하여 천자에게 배알拜謁하는 것이다.

151 적전籍田은 농사의 중요함을 보여주기 위하여 천자가 몸소 경작하던 제전祭田이다.

152 삼로오경三老五更은 경험이 풍부하고 덕망 있는 연로한 사람을 가리

키는데 지금의 원로에 해당한다. 천자가 이들을 부형의 예로써 우대하여 그 덕으로 교화했다. 삼三과 오五는 삼신三辰(해, 달, 별)과 오성五星(목성, 화성, 금성, 수성, 토성)에서 나왔는데, 하늘이 삼신과 오성을 통해 천하를 밝혔음을 상징한다.

153 밥을 먹은 뒤에 술을 마셔 입을 깨끗이 하고, 먹은 음식을 편안히 소화시키도록 한다는 뜻이다. 그리고 이어서 '면류관을 쓰고 방패를 쥐고 춤을 춘다〔冕而摠干〕'는 내용이 이어지나, 문맥과 무관하다는 채중덕의 견해에 따라 옮기지 않았다.

154 이처럼 〈무악〉의 연행 중에 춤추는 자리에서 오래도록 서서 기다리는 행위는 제후들이 오기를 기다림을 표상하는 것 외에, 무왕이 문文을 숭상하고 예악을 중시하여 주왕을 정벌한 일이 부득이한 것이었음을 상징한다.

155 "사을"은 악사 을乙이 노래에 대해 논한 말을 기술했다. 원문은 혼란스럽고 문맥이 순조롭지 않아 《사기·악서》에 근거해 개정했다. 을의 생애는 알려져 있지 않다.

156 자공子貢은 공자 72제자 가운데 한 사람으로 성은 단목端木, 이름은 사賜다. 자공은 그의 자字이나 자공子貢으로 더 잘 알려져 있다. 사교술에 능했고 상업에 힘써 천금을 모았다고 한다.

157 이 대목은 크게 시를 노래하는 경우와 성聲을 노래하는 경우로 나뉜다. 〈송〉, 〈대아大雅〉, 〈소아小雅〉, 〈풍風〉은 《시경》의 시를 말하고, 상성, 제성齊聲은 성음 즉 곡조를 말한다. 여기서 특별히 상성과 제성을 거론한 이유에 대해서는 두 가지 설이 있다. 상성은 오제의 유성遺聲이고 제성은 삼왕의 유성이기 때문이라는 설과, 상은 무왕이 미자微子를 봉하고 그로 하여금 상례商禮를 유지한 인물을 찾도록 했던 일에서 보듯 주나라 예악의 근거지이고, 제는 공자가 그 나라에서 소악을 듣고 감동받았던 일과 관련이 있기 때문이라는 설이다.

158 시를 노래하는 자가 자신의 덕을 드러내면 천지가 그에 감응한다는 뜻이다. 천지를 움직이고 귀신을 감동시키는 것 가운데 시보다 절실한 것이 없기 때문이다. 천지만물은 모두 나와 한 몸이다. 그래서 노래하는 자가 자신의 지기志氣를 움직이면 천지, 사시, 성신, 만물이 모두 그와 서로 감응하니 세상 어느 것도 덕성이 감동시키지 못할 것은 없다.

159 용기와 의리가 있는 사람이 노랫소리로 변별되지 않으면 그에게 용기와 의리가 있다는 것을 누가 알 수 있겠는가? 상을 노래함이 마땅한 사람이면 그가 용기 있음을 알 수 있고, 제를 노래함이 마땅한 사람이면 그가 의리 있음을 알 수 있다. 이는 노래와 덕성 사이의 밀접성을 전제한 것이다.

160 이 단락은 노랫소리를 여러 가지로 비유하고 있는데, 이는 노랫소리 자체로 볼 수도 있고 노랫소리가 인심을 감동시키는 모습의 형용으로도 볼 수 있다.

161 노래로 탄식하고 화답하며 끊이지 않게 이어감을 '차탄嗟嘆'이라 한다. 엄릉 방 씨가 말했다. "여기[樂記]에서는 먼저 길게 말한 뒤에 차탄한다고 했는데,《시경》에서는 먼저 차탄한 뒤에 길게 노래한다고 했다. 먼저 차탄하는 것은 차탄으로 해서 선창하는 것이고, 뒤에 차탄하는 것은 차탄해서 화답하는 것을 말한다. 저기[詩經]에서는 시를 위주로 했으니, 시란 악의 시초이므로 선창으로 순서를 삼은 것이고, 여기[樂記]에서는 악을 위주로 했으니, 악은 시의 종결이므로 화답하는 것으로 순서를 삼은 것이니 같지 않은 뜻이 있는 것이 아니라 각각 주장하는 바가 있는 것뿐이다." 조남권·김종수 옮김,《악기》, 205~206쪽 참조·인용.

162 "위문후"는 위문후魏文侯가 악을 물은 일을 기록했다. 이 절은 삼국 위나라의 왕숙王肅이 위조한《공자가어·변악辨樂》에도 보인다. 위

문후는 전국戰國 시대 초기의 인물로 위나라의 건립자다. 이름은 사斯고 진나라 대부 필만畢万의 후예다. 처음에는 진나라의 경卿(대부 위의 벼슬)이 되었으나 후에 조趙나라와 한韓나라와 더불어 진나라를 나누어 제후가 되었다. 기원전 445~396년까지 재위하면서 이리李悝, 오기吳起, 서문표西門豹 등을 연이어 임용해 정치를 개혁하고 농사짓고 싸우는 일을 장려하며 수리 사업을 일으켜 위나라를 당대의 강국으로 만들었다.

163 자하는 《논어·자장子張》에서 "벼슬을 하고도 여력이 있으면 공부를 하고, 공부를 하고서 여력이 있으면 벼슬을 하는 것이다(子夏曰, 仕而優則學, 學而優則仕)"라는 관점을 제시했다. 그는 공자가 죽은 후 위나라 서하에 가서 강의를 펼쳤는데 이리, 오기 등이 모두 그의 제자이며 위문후도 그를 스승으로 존경했다. 《시경》과 《춘추春秋》 등의 유가 경전을 통해 후세에 전해졌다고 한다.

164 고악古樂은 주나라 이래로 전해진 아악으로, 종묘제례나 조회의례 등 국가 주요 의례에 사용된, 유가에서 이상시하는 악이다. 주나라 때 아악이 시작된 후 역대의 모든 통치자들이 주나라 임금들의 악을 아악으로 숭앙하면서 '아'는 곧 '고古'와 동의어가 되었다. 따라서 시대를 막론하고 중국의 유가는 무릇 '아'한 것은 반드시 '고'한 것이어야 하고 '고'하지 않은 것은 반드시 '아'하지 않다고 생각했다. 김해명, 〈중국 주대 아악의 성쇠와 《시경》의 관계〉, 216~217쪽 참조·인용.

165 위문후의 음악에 정통한 면모를 《전국책戰國策·위책일魏策一》에서 엿볼 수 있다. "위문후가 전자방과 술을 마시고 악을 논했다. 문후가 말하기를 '종소리가 조화롭지 않지요? 왼쪽의 소리가 높군요'(魏文侯與田子方, 飲酒而稱樂. 文侯曰, '鍾聲不比乎? 左高.')"라고 했다. 그는 여러 악기가 합주되는 가운데 종소리의 불협화음을 들었을 뿐 아니

라, 제 소리를 내지 못하는 음의 위치를 정확히 지적했다. 그가 여기서 자하에게 한 말도 이러한 체험을 통해 고악과 신악新樂 즉 정위지음이 전혀 다른 느낌을 주는 음악임을 지적하는 것이다. 이처럼 당시 춘추 중기부터 전국 시기까지 음악을 애호했던 군주들이 정위지음에 대해 내린 평가는 거의 일치한다. 특히 훌륭한 책략을 지니고 현자를 중시하기로 명망이 높았던 위문후가 정위지음에 대해 내린 객관적이고도 공정한 평가는 당시 정위지음이 신흥 봉건 지주 계급의 수요에 가장 적합한 신악이었음을 반영한다. 따라서 정위지음이 당시 궁정에까지 풍미했음은 단순한 하나의 현상이 아니라 역사 발전의 필연 속에서 이루어진 미학적 산물로 파악되어야 할 것이다. 김해명, 〈중국 주대 아악의 성쇠와 《시경》의 관계〉, 396~397쪽 참조·인용.

166 세종 12년에 박연朴堧이 다음과 같이 상소한 글이 있다. "당상악堂上樂은 먼저 부柎를 치니, 부라는 악기는 노래보다 먼저 쓰이는 것입니다. 진양陳暘이 말하기를 '당상악은 부 소리를 기다려 시작하고, 당하악堂下樂은 북소리를 기다려 시작하니 대개 당 위인 문門 안을 다스리는 것은 부로 하고, 당 아래인 문 밖을 다스리는 것은 북으로 한다. 안에서는 부자 사이가, 밖에서는 군신 사이가 사람의 큰 윤리인데 이를 음악이 실제로 본뜬 것이다'라고 했습니다."《세종실록世宗實錄》제47권(세종 12년 2월).

167 문文은 북, 무武는 종鍾 혹은 요를 말한다. 북을 울려 시작시키고, 종이나 요를 쳐서 거두어 물러나게 한다. 이에 대해 문과 무를 문덕文德과 무덕武德으로 보아 악을 처음 시작할 때는 문덕을 표상하고, 악을 마무리할 때는 무덕을 표상하는 것으로 해석하기도 한다.

168 상相은 부의 일종으로 북과 함께 악의 흐름을 절제하는 역할을 한다. 부를 친 뒤에 당 위의 악기가 비로소 연주되고 북을 두드린 뒤

에 당 아래의 악기가 비로소 연주된다. 부는 부드러운 가죽으로 겉을 두르고 겨(穅)를 안에 넣어 만드는데 모양은 북과 같으며 손으로 쳐서 소리 낸다. 강(穅)은 상이라고도 하기에 그렇게 부른 것이다. 아(雅)는 북의 일종으로 모양이 검은 대통(漆筒) 같고 안에 몽치(椎)가 들었다. 그리고 아는 춤을 법도에 맞게 추게끔 두드린다.

169 고악은 악이고, 정음·위음은 음이다.《예기·악기》는 기본적으로 덕음德音만을 악으로 생각한다. 즉 고악은 덕을 드러내며 음이 담박하고 조화로워 마음을 즐겁게 하지만, 신악은 말할 만한 덕이 없고 음이 요염하여 귀를 기쁘게 할 뿐이다.

170 강상綱常은 사람이 마땅히 지켜야 할 근본 도덕인 삼강三綱과 오상五常을 말한다. 삼강은 임금과 신하, 부모와 자식, 남편과 아내 사이에 마땅히 지켜야 할 도리를 말하고, 오상은 인, 의, 예, 지智, 신信의 다섯 가지 덕을 뜻한다.

171 "황의皇矣",《시경·대아大雅》.《예기·악기》에서는 음과 악을 구별하는데, 이 대목에서 보듯 덕음으로서의 악은《시경》의 시에 의거하고 있다. 그러나《시경》에서 덕음의 용례는 이곳을 포함하여 모두 열한 군데가 있으나, 그 가운데 덕음이 악이라는 뜻으로 쓰인 예는 하나도 없다. 그러니《예기·악기》의 기록자가 시가 가진 전체적인 뜻을 고려하지 않은 채로 인용한 것으로 보인다. 한편《춘추좌씨전春秋左氏傳》에서《시경》의 덕음을 인용한 예는 세 군데가 있으며 이 모두는 덕망이라는 뜻으로 쓰였는데,《춘추좌씨전》에서는 그 가운데 하나를 '이상적인 음악'이라는 의미로 썼다. 따라서《예기·악기》의 기록자가《춘추좌씨전》의 입장을 받아들여 덕음을 음악으로 해석했을 가능성도 생각해볼 수 있으나 확실하지는 않다.

172 이에 대한 또 다른 번역을 소개하니 참조하라. "주나라의 왕계王季에게는 청정淸靜한 덕이 있었으므로 발하여 청정한 덕음이 되었다.

그 덕이 청정했으므로 진실로 소명昭明했고, 진실로 소명했으므로 선악을 잘 가려 언행에 법도가 있었다. 진실로 언행에 법도가 있었으므로 사장師長이 되어 교화할 수 있었으며, 군상君上이 되어 다스릴 수 있었다. 그러므로 대국의 왕이 되매, 백성이 진실로 자순慈順하여 상하가 잘 화친했다. 아들인 문왕의 대에 이르러 그 덕이 정대正大하여 부끄러워하고 뉘우칠 바가 없었다. 그리하여 상제上帝의 복을 받아 이것을 손자에게 미치게 했다." 권오돈 옮김, 《예기》(홍신문화사, 1991), 406~407쪽.

173 익음溺音은 사람이 그 안에 푹 빠져서 헤어 나오지 못하게 하는 음악을 말하니 간성, 음악淫樂 등이 그러하다.

174 남녀가 서로 몰래 넘보는 것으로, 제 것이 아닌 여색까지 탐하는 것을 말한다.

175 사람의 마음을 빠지게 한다는 말이다. 즉 즐거움을 탐닉해 되돌아오지 않는 것이다.

176 사람의 마음을 수고롭게 한다는 말이다. 다급하고 촉박하며 빠른 것이다.

177 사람의 마음을 오만방자하게 한다는 말이다. 거만하고 방자하며 편벽하고 간사한 것이다.

178 "유고有瞽", 《시경·주송》. 이 시는 종묘에서 제사 지낼 때 부르던 1장 13구의 노래다.

179 자하는 거듭 위문후를 위해 아악의 엄숙하고 조화로움을 밝혀, 고악을 쓰도록 권고하고 있다.

180 덕음의 올바름, 익음의 사벽함이 모두 수월하게 사람을 감동시킨다. 따라서 임금은 좋아하고 싫어하는 바를 삼가지 않을 수 없다.

181 "판板", 《시경·대아》. 이 시에 대해 《시경·모시서》에서는 범나라 왕이 여나라 왕을 풍자한 것이라 했는데 근거를 찾을 수 없을 뿐만 아니

라 내용도 부합하지 않는다. 김학주 옮김,《시경》, 592쪽 참조·인용.

182 도鞉는 북의 일종으로 땡땡이 도鼗와 같다. 도고鼗鼓는 자루가 달린 대틀에 종이를 바르고 양쪽에 구슬 달린 끈을 묶어 만든 땡땡이라는 이름의 북이다. 강椌은 음악을 시작할 때 울리는 악기 축柷의 일종으로 큰 축이라고 할 수 있다. 갈楬은 柷말, 패, 어敔를 말한다. "유고",《시경·주송》, 정현 주석에 "축은 형체가 검은 대통과 같고, 안에 몽치가 들었다. 어는 엎드린 호랑이 모양으로, 등에 스물네 개의 이가 있다"고 했다. 훈壎은 흙으로 만든 취주 악기로, 속이 빈 타원형에 여섯 또는 여덟 개의 구멍이 있는 훈壎을 말한다. 지篪는 가로로 부는 관악기의 일종이다. 구멍이 여덟 개 있는데 그중 위에 있는 구멍으로 불게 되어 있다. 길이는 한 자 네 치다.

183 다음의 글을 참조하라. "이 여섯 가지 악기는 모두 꾸밈없이 순박한 소리가 나므로 덕음이라고 말한다. 순박함을 근본으로 삼은 이후에 종·경·우·슬, 네 가지의 화미華美한 음을 써서 그 화和를 돕는다. 간은 방패이고, 척은 도끼이어늘, 무무를 출 때 사용하는 무구이며, 모는 쇠꼬리이고, 적狄은 적翟으로 꿩깃이어늘, 문무를 출 때 잡는 무구이니, 이것은 종묘의 악이다." 조남권·김종수 옮김,《악기》, 155쪽.

184 옛날 악을 지을 때, 악기와 무열舞列의 수는 모두 존비귀천의 등급에 따라 일정한 규정이 있었다. 예를 들어 천자는 악대를 동서남북 사면에 설치하고 팔일무八佾舞를 추며, 제후는 악대를 삼면에 설치하고 육일무六佾舞를 춘다는 규정이 그렇다.

185 슬픔은 인간의 감정을 추슬러 모질게 만들고 그로부터 각진 듯이 재단한 직선적 감각이 만들어지며 반듯한 인간의 성품을 표상한다. 이 때문에 슬픔이 방정함을 일으킨다고 말한다. 또한 슬픔은 다른 감정을 상쇄해 다른 생각을 못하게 한다. 그래서 정절, 절개의 일관됨, 한결같음의 질감도 낳는다고 말한다.

186 우竽·생笙·소簫·관管 모두 대(竹)로 만들지만 생은 원래 박(匏)으로 만든다. 그럼에도 이를 죽성竹聲에 포함시킨 까닭은 생의 몸통을 박으로 만들고 그 안에 대를 꽂아 박과 대를 아울렀기 때문이다.

187 백성을 사랑한 신하란 절제하고 아껴서 백성을 끌어안아 모으는 신하를 말한다.

188 여기서 팔음 가운데 포匏, 토土, 목木을 말하지 않은 까닭은 포성匏聲은 짧고 막히며, 토성土聲은 무겁고 탁하며, 목성木聲은 질박하여 맑고 가볍게 유유히 날리는 운韻이 없기 때문이다. 그러나 목으로 고를 치고, 포 또한 우와 생 안에 들어 있다.

189 음악 소리로부터 계발되어 자신의 뜻, 마음, 지향과 부합된다는 것을 뜻한다. 즉 이는 소리가 마음을 연상시키는 데서 그치지 않고 연상되는 대상(신하)을 통해 제 마음이 올바른가를 경계하고 있는 것이다. 즉 군자란 좋아하는 바를 삼가야 한다는 내용을 여기서 다시 밝히는 셈이다.

190 《禮記·禮運》, "夫禮之初, 始諸飮食, 其燔黍捭豚, 汙尊而抔飮, 蕢而土鼓, 猶若可以致其敬於鬼神."; 王夢鷗 譯註, 《禮記今註今譯》(臺北 : 臺灣商務印書館, 1995), 366쪽.

191 "예의 기원에 대한 대표적인 견해로는 허신許愼과 왕국유王國維, 가토 조켄加藤常賢의 견해를 들 수 있다. 허신은 예란 하늘의 천문 현상에 대해 인간이 예물禮物을 올림으로써 신을 섬기고 복을 기원하는 행위라고 했고(《說文解字》(臺北 : 藝文印書館, 1973)), 왕국유는 갑골문甲骨文에 대한 연구 결과를 통해 허신의 견해를 수정·보완하여 신을 받드는 행사를 통틀어 예라고 설명하고 있으며(《觀堂集林》, 《釋禮》(臺北 : 河洛圖書出版社, 1975)), 가토 조켄은 예를 참조개의 껍질에 제주祭酒를 부어놓은 술잔의 의미로 설명하고, 아울러 예의 기본음인 '리醴'를 금기에 대한 격리의 의미로 보아, 예

를 격리되어 있는 금기 대상에 대한 수속에서 나온 것이라고 보았다《中國古代倫理學の發達》(東京 : 二松學舍大學出版部, 1983)). 이러한 점에서 그 설명 방법에는 차이가 있지만 예의 기원에 대한 기본적인 견해는 차이가 없다는 것을 알 수 있다. 이 외에 양관楊寬은 예의 발생이 제사 의식이 발생하기 이전인 씨족 사회에서의 습속에서 기원한다고 생각했고《古史新探》(北京 : 中華書局, 1965)), 추창림鄒昌林은 이를 더욱 고대로 소급하여 수렵 시대에 생산물의 공평한 분배를 위한 활동에서 예가 발생했다고 보았다《中國古禮研究》(臺北 : 文津出版社, 1992))." 도민재, 〈유가 예론의 전개 양상과 그 특성〉, 《동양철학연구》 제19집(1998년 12월), 500~501쪽, 주 2 재인용.

192 蔣孔陽, "先秦時代的'禮樂'制度", 《先秦音樂美學思想論稿》(北京 : 人民文學出版社, 1986), 67쪽 참조·인용.

193 李澤厚, 《華夏美學》(香港 : 三聯書店, 1988), 10쪽 참조·인용.

194 蔣孔陽, "先秦時代的'禮樂'制度", 《先秦音樂美學思想論稿》, 68~71쪽 참조·인용.

195 《論語·八佾》, 子曰, "人而不仁, 如禮何? 人而不仁, 如樂何?" 蔡仲德 注譯, 《中國音樂美學史資料注譯》上冊(北京 : 人民音樂出版社, 1995), 44쪽. 이후의 《論語》 인용은 이 책의 쪽수만 표시한다.

196 《論語·陽貨》, 子曰, "'禮云禮云', 玉帛云乎哉? '樂云樂云', 鐘鼓云乎哉?", 55쪽.

197 《論語·泰伯》, 子曰, "興於詩, 立於禮, 成於樂.", 46쪽.

198 《禮記·中庸》, 子曰, "……非天子不議禮, 不制度, 不考文……雖有其位, 苟无其德, 不敢作禮樂焉 ; 雖有其德, 苟无其位, 亦不敢作禮樂焉." 蔡仲德 注譯, 《中國音樂美學史資料注譯》上冊, 60쪽.

199 蔣孔陽, "評孔丘的'正樂'思想", 《先秦音樂美學思想論稿》, 76~77

쪽 참조·인용.

200 李澤厚,《華夏美學》, 15~16쪽 참조·인용.

201 도민재, 〈유가 예론의 전개 양상과 그 특성〉, 507~511쪽 참조·인용.

202 북송오자北宋五子란 북송의 다섯 철학자로, 주돈이周敦頤, 소옹邵雍, 장재張載, 정호程顥, 정이程頤를 말한다.

203 박원재·최진덕,《군자의 나라》(명진, 1999), 77~78쪽 참조·인용.

204 FUNG YU-LAN, *A Short History of Chinese Philosophy*(New York : A Division of Macmillan Publishing Co., 1966), 303쪽 참조.

205 "禮者, 天理之節文, 人事之儀則也." 朱熹 撰,《四書章句集注》(北京 : 中華書局, 1996), 51쪽.

206 禮是那天地自然之理. 理會得時, 繁文末節皆在其中. "禮儀三百, 威儀三千", 却只這箇道理. 千條萬緒, 貫通來只是一箇道理. 夫子所以說 "吾道一以貫之", 曾子 曰 "忠恕而已矣", 是也. 蓋爲道理出來處, 只是一源. 散見事物, 都是一箇物事做出底. 黎靖德 編,《朱子語類》(長沙 : 岳麓書社, 1997) 卷41, 937쪽 ; 도민재, 〈유가 예론의 전개 양상과 그 특성〉, 521쪽, 주 59 참조.

207 도민재, 〈유가 예론의 전개 양상과 그 특성〉, 511~524쪽 참조·인용.

208 "예를 먼저하고 악을 뒤로해야 한다는 주장과 예를 주체로 악을 종속 관계로 보는 견해들이 많아, 예를 중시하고 악을 경시하는 '중례경악重禮輕樂'적 경향이 나타나게 되는데 예악에 대한 이러한 학술 조류는 조선조에 와서도 그대로 반영된 것 같다." 허창무, 〈예악관과 예악 사상의 조선조적 변용 양상에 관한 연구〉,《예악교화사상과 한국의 윤리적 과제》(한국정신문화연구원, 1995), 124쪽 참조·인용.

209 한흥섭,《한국의 음악사상》(민속원, 2000), 72~82쪽 참조·인용.

210 蔡仲德 註譯,《中國音樂美學史資料注譯》上冊, 222쪽 참조.

211 郭沫若, 〈公孫尼子與其音樂理論〉, 郭沫若 外,《樂記論辯》(北京 :

人民音樂出版社, 1983).

212 왕몽구王夢鷗는《예기·악기》와 관련해 "① 공손니자公孫尼子와《악
기》, ② 하간헌왕河間獻王과《악기》, ③ 유향劉向과《악기》, ④ 11편
문제, ⑤《악기》와 '악경', ⑥《악기》와《사기·악서》, ⑦《사기·악서》
와《예기·악기》등 7가지 방면에서 문헌학적 고증을 하고 있다. 그
에 따르면, 서한西漢 양성형陽成衡이《주례》및 제자들의 악사樂事에
대한 언술을 모아 23장으로 이루어진《악기》곧《악경》을 지었고,
이것이 산삭을 거쳐《사기·악서》로 되었으며, 그 초본의 한 갈래가
바로《예기·악기》라고 한다." 김승룡 편역주,《악기집석》제1권(청
계, 2002), 12쪽 역자 해설 인용.

213 蔡仲德 註譯,《中國音樂美學史資料注譯》上册, 222~223쪽을 참
조해 보완·인용했다.

214 국립국어연구원,《표준국어대사전》중, 4865쪽.

215 사회과학출판사,《조선말대사전》하, 1658쪽.

216 서양에서도 음악이 일반인의 사상이나 감정을 나타낸 것은 대략
200여 년밖에 되지 않는다.

217 "악시",《예기·악기》. "옛날 순임금이 오현금五絃琴을 만들어 남풍南
風의 노래를 위해 반주했으며, 기夔로 하여금 처음으로 악곡을 만들
게 하여 제후에게 상으로 주었다. 이처럼 천자가 악을 제작하는 까
닭은 제후 가운데 덕 있는 자에게 상을 주기 위해서다. (昔者舜作五
弦之琴, 以歌'南風', 夔始制樂, 以賞諸侯. 故天子之爲樂也, 以賞諸侯之有德者
也)." 이 책 38쪽 참조.

218 박낙규,〈고대 중국의 유가와 도가 악론의 기본 관점(상)〉,《낭만음
악》제4권 제2호(1992년 봄), 92~93쪽 참조.

219 李澤厚,《華夏美學》(香港 : 三聯書店有限公司, 1988), 7~9쪽 ;
이택후,《화하미학》, 권호 옮김(동문선, 1990), 8~17쪽 참조·인용.

220 한흥섭,《중국 도가의 음악사상》(서광사, 1997), 30~50쪽, 278~
   284쪽 참조·보완·인용.

221 한흥섭,〈아악고雅樂考〉. 이 내용은 2007년 2월 24일 한국국악학회
   제1회 분기발표회에서 발표한 논문의 결론 부분이다.

222 '아악'이라는 용어는 공자가 최초로 사용했다. "공자께서 말씀하
   셨다. '자줏빛이 붉은빛을 탈취하는 것을 미워하고, 정나라 음악이
   아악을 어지럽히는 것을 미워하며, 예리한 입놀림이 나라를 뒤엎
   는 것을 미워한다.'(子曰, "惡紫之奪朱也, 惡鄭聲亂雅樂也, 惡利口之覆邦家
   者")",《논어·양화》.

《예기·악기》와 관련한 연구 저작물은 중국의 것이 단연 많다. 그 다음으로는 일본이 많은 자료를 보유하고 있는데 우리의 경우는 그에 비해 아주 미약한 편이다. 이 책을 옮기면서 주로 참조한 자료와 아울러 일반 독자들이 읽어보면 좋을 자료들을 소개한다.

1. 원전 번역 자료
(1) 한글 주해서

김승룡 편역주, 《악기집석》 전2권(청계, 2002)

이 책의 장점은 한나라 정현의 《예기주禮記注》, 당나라 공영달孔穎達의 《예기정의禮記正義》, 원나라 진호의 《예기집설禮記集說》, 조선시대 권근權近의 《예기천견록禮記淺見錄》, 청나라 왕부지王夫之의 《예기장구禮記章句》, 청나라 손희단孫希旦의 《예기집해禮記集解》, 조선 후기 정약용丁若鏞의 《악서고존樂書孤存》, 청나라 주빈朱彬의 《예기훈찬禮記訓纂》 등 8가家의 주해를 완역했다는 점이다. 또한 《예기·악기》에 대한 제가諸家의 서문, 인명·서명, 해설, 색인을 마련했을 뿐 아니라, 《예기·악기》 연구를 위해 중국, 일본, 한국의 악기학 논저 목록을 총망라해 정리해둔 점이 인상적이다. 따라서 이 책은《예기·악기》연구의 필독서라고 하겠다. 단점이라면 직역을 위주로 한 고문 번역이 지닌 일반적 한계이기도 하겠지만 직역한 한글 번역문이 쉽게 읽히지 않는 부분이 적지 않다. 한글로 읽어서 쉽게 읽히지 않는다면 아무리 공들인 번역이라도 의미가 퇴색된다.

조남권·김종수 옮김,《악기》(민속원, 2001)

이 번역서의 대본은 원나라 진호의 주해서인《예기집설》이다. 주로 직역했으며 풍부한 주해와 주석이 이해를 돕는다. 이 책의 단점 역시 앞의 책과 유사하다.

(2) 중국어 주해서

蔡仲德 注譯,《中國音樂美學史資料注譯》(北京 : 人民音樂出版社, 1990)

이 책의 저자 채중덕은 1937년생으로 중앙음악학원 음악학과 교수를 지냈으며, 현재 중국 음악 미학사 분야의 최고 권위자다. 저서로는 이 책 외에《중국 음악 미학사론中國音樂美學史論》,《중국 음악 미학사中國音樂美學史》,《풍우란 선생 연보초편馮友蘭先生年譜初編》,《악기·성무애락론 주석 여연구樂記 : 聲無哀樂論 注釋與硏究》등이 있다. 현대 중국의 대표적인 철학자인 풍우란馮友蘭의 사위이기도 하다.

이 책은 중국 음악 미학사를 가르치고 연구하기 위한 방대한 분량(711쪽)의 기초 자료로 상하권으로 출간되었다. 여러 음악 문헌 자료 가운데 미학적 의의가 있는 것만을 가려 뽑아, 이를 선진 시기, 양한兩漢 시기, 위진에서 수당 시기, 송원명청 시기로 나누었다.

상권의 선진 시기에는《국어》,《좌전左傳》,《논어》,《묵자墨子》,《상군서商君書》,《맹자孟子》,《주역周易》,《상서尙書》,《주례周禮》,《노자老子》,《장자

莊子》,《관자管子》,《순자》,《한비자韓非子》,《여씨춘추呂氏春秋》,《예기》 등이, 양한 시기에는 《신어新語》,《한시외전韓詩外傳》,《춘추번로春秋繁露》,《악기》,《회남자淮南子》,《사기》,《설원說苑》,《법언法言》,《신론新論》,《백호통白虎通》,《한서漢書》,《논형論衡》 등이, 하권의 위진에서 수당 시기에는 《완적집阮籍集》,《혜강집嵇康集》,《열자列子》,《문심조룡文心雕龍》,《진서晉書》,《정관정요貞觀政要》,《악부해제樂府解題》,《금결琴訣》,《원차산집元次山集》,《무성악부無聲樂賦》,《창려선생집昌黎先生集》,《악출허부樂出虛賦》,《백거이집白居易集》 등이, 송원명청 시기에는 《구양문충공문집歐陽文忠公文集》,《통서通書》,《몽계필담夢溪筆談》,《소식논악시문蘇軾論樂詩文》,《금사琴史》,《악서樂書》,《주문공문집朱文公文集》,《진서산문집眞西山文集》,《왕문선공전서王文成公全書》,《행장태음보유杏庄太音補遺》,《분서焚書》,《곡율曲律》,《형곡진담衡曲塵譚》,《산가山歌》,《대환각금보大還閣琴譜》,《이립옹일가언전집李笠翁一家言全集》,《경산악록竟山樂錄》,《악경율려통해》,《악부전성樂府傳聲》,《금학수언琴學粹言》 등이 있다.

원문 자료 전체에 대한 이해를 위해 간단히 소개한 다음, 주석과 번역을 하고 부록을 덧붙여 원문에 대한 이해를 돕고자 했다. 채중덕에 의하면 이 책의 주석은 그동안의 연구 성과를 광범위하게 받아들였다고 한다. 현재로서는 이 책과 《중국 음악 미학사》가 중국 음악 미학사 전체의 흐름을 깊고 넓게 이해하기 위한 필독서라 하겠다.

蔡仲德,《樂記 聲無哀樂論 注釋與研究》(北京 : 中國美術學院出版社, 1997)

이 책은 고대 중국의 악론을 대표하는 유가의 〈악기〉와 도가道家의 〈성무애락론聲無哀樂論〉 각각에 대해 제목 그대로 지은이의 주석과 연구 성과를 수록해놓은 것이다. 특히 〈악기〉의 저자가 누구인가 하는 문제를 4편의 논문을 통해 집중적으로 논증하고 있다. 이 책의 해제에서도 밝혔듯이 채중덕은 〈악기〉의 저자를 하간헌왕 유덕으로 본다. 또한 〈악기〉와

〈성무애락론〉의 음악 미학 사상에 대한 심도 있는 연구도 수록되어 있어 이를 용이하게 비교·연구해 볼 수 있도록 했다.

2. 연구 자료들(연도순)

(1) 국내 자료

이상은, 〈유가의 예악 사상에 관한 연구〉`(성균관대 박사 학위논문, 1990)

국내 최초로 유가의 예악 사상을 예술론의 관점에서 다루었다. 공자와 〈악기〉를 통해 체계적이고 심도 있는 이해를 도모한 논문이다.

이택후, 《화하미학》, 권호 옮김(동문선, 1990)

화하미학華夏美學이란 유가 사상을 주체로 하는 중국의 전통 미학을 가리킨다. 현대 중국 미학의 최고 권위자인 이택후李澤厚는 예악 전통을 중국 전통 미학의 유구한 역사적 근원으로 파악하고 있으며 이에 내포된 사회와 자연, 정감과 형식, 예술과 정치, 천과 인 등의 관계, 나아가 자연의 인간화와 인간의 자연화를 어떻게 이해하느냐가 중국 미학의 중심 테마라고 보고 있다. 즉 예악 전통에 대한 이해 없이는 중국 미학의 전통과 그 기본적 특색을 이해할 수 없다는 것이다.

이택후·유강기 엮고 주석, 《중국미학사》, 권덕주·김승심 옮김(대한교과서, 1992)

이택후와 제자 유강기劉綱紀가 주편한 이 책은, 현재 우리나라에 소개된 중국 미학 전체의 흐름을 파악하기 위한 대표적이고 유일한 번역본이다. 이 가운데 〈공자 이전〉, 〈공자〉, 〈순자〉, 〈악기〉의 미학 사상을 통해 《예기·악기》의 예악 사상에 내재된 미학적 의의를 추단해볼 수 있다.

박낙규, 〈고대 중국의 유가와 도가 악론의 기본 관점〉 상·중·하, 《낭만음악》(1992년 봄/1993년 봄/1993년 여름)

제목 그대로 고대 중국의 유가와 도가의 대표적인 악론인 〈악기〉와 〈성무애락론〉을 국내 최초로 비교·고찰했다는 점에서 의미가 깊다.

여기현 엮고 옮김, 《중국고대악론》(태학사, 1995)

저자는 고전 시가 전공자로서 고전 시가를 공부하면서 시가가 음악임에도 이를 배제하고 감상·분석하는 것에 회의를 느끼고 음악에 관심을 갖게 된다. 그 결과 우리의 고대 악론이 수록된 《삼국사기·악지》와 《고려사·악지》가 예악과 매우 밀접한 관계에 있음을 주장하게 된다. 이 책에서 말하는 고대는 춘추전국 시대부터 위진남북조 시대까지다. 책의 구성은 해당 시대의 악론을 번역한 부분과 이에 대한 해설로 이택후·유강기 주편의 《중국미학사》에서 관련 부분을 발췌·번역한 부분으로 구성되어 있다.

이민홍, 《한국 민족악무와 예악사상》(집문당, 1997)

이 책의 특성은 예악 사상을 중국만의 또는 고대의 전유물이 아니라 우리나라 또는 현재에도 존재하는 통치 원리이자 문화 의식으로 규정하고 있다는 점이다. 이에 따라 우리의 독자적인 예악 사상을 다양한 전거를 통해 입증하고 있다. 그 목차를 소개하면 〈서설—민족 악무樂舞의 맥락〉, 〈민족 예악의 진행과 발전〉, 〈민족 정통 제천正統祭天과 예악 사상〉, 〈고대 악무와 예악 사상〉, 〈가야 악무와 예악 사상〉, 〈고려조 팔관회와 예악 사상〉, 〈고려조 무속과 예악 사상〉, 〈고려조 악무와 예악 사상〉, 〈조선조 향악鄕樂과 예악 사상〉, 〈조선조 단가短歌와 예악 사상〉 등이다. 대체로 문장이 난삽하고 논의가 중복되는 경향이 없지 않으나 우리의 예악 사상을 건립하기 위해 반드시 참조해야 할 참고 자료다.

한흥섭, 《중국 도가의 음악사상》(서광사, 1997)

이 책은 박사 학위논문인 〈혜강의 '성무애락론' 연구〉를 단행본으로 엮은 것이다. 도가 철학이 그렇듯 도가의 음악 사상 역시 유가의 음악 사상에 대한 '선이해'를 요구한다. 〈악기〉와 〈성무애락론〉을 비교한 부분이 관심 있는 독자의 참조 대상이 될 수 있을 것이다.

양인리우, 《중국 고대 음악사》, 이창숙 옮김(솔, 1999)

이 책은 중국 전통 음악 연구에서 탁월한 업적을 남긴 현대 중국의 학자 양인리우楊蔭瀏의 《중국 고대 음악사고中國古代音樂史稿》 상권을 옮긴 것으로 송금宋金 시대까지를 다루고 있다. 중국 고대의 음악 사상과 이론, 아악과 연악燕樂 등 중국 전통 음악의 주요 분야를 망라하고 있다.

이영구 편저, 《악기》(자유문고, 2003)

이 책은 모두 6편으로 구성되었다. 1편은 《주례》 대종백大宗伯에 있는 대사악大司樂 소속 악관의 직제, 2편은 《여씨춘추》 십이기十二紀에서 간추린 내용과 《시경》에서 자주 연주되는 가사, 3편은 《예기·악기》 전문, 4편은 《예기》 속에 산재해 있는 악에 관한 내용, 5편은 《순자·악론》과 《묵자·비악非樂》과 《서경》에 있는 악 관련 내용과 《효경·광요도장孝經·廣要道章》과 《여씨춘추》 십이기와 팔람八覽에서 악 관련 내용과 《이아·석악爾雅·釋樂》을 소개 번역했다. 그리고 6편은 부록으로 국악에 쓰이는 전통 악기의 도록과 간단한 해설을 담았고, 이어서 팔일무八佾舞의 가사와 도록을 소개했다.

도민재, 〈공자 예악 사상의 본질과 사회적 이상〉, 《동양철학연구》 제34집(2003년 9월)

이 논문은 공자 예악 사상의 근본 원리와 그 사회적 이상에 대해 고찰했다. 저자는 공자의 예악 사상의 일차적인 목표가 이상적인 인격 수양이라 보고, 나아가 개인의 수양을 통해 완성된 인격을 사회로 확산시키는 데 궁극 목적이 있음을 '충서'와 '극기복례克己復禮'의 개념을 통해 논증하고 있다.

김해명, 〈중국 아악의 형성과 《시경》의 관계〉, 《중어중문학》 제33집(2003년 12월)

이 논문은 《예기·악기》에서 말하는 악이 '전아순정典雅純正'한 아악을 뜻하는 것으로 보고, 이 아악의 형성 과정 그리고 아악과 중국 고대 시가 총집인 《시경》의 관계를 다루고 있다. 당시의 악이 악가무 일체로서의 악이며 이 가운데 가(노래)가 대부분 《시경》의 시임을 밝히고 있다. 이를 통해 고대 악의 실상을 보다 구체적으로 파악하게 되어 흥미롭다.

김해명, 〈중국 주대 아악의 성쇠와 《시경》의 관계〉, 《중국어문학논집》 제26호(2004년 2월)

앞의 논문이 아악의 형성을 조명한다면 여기서는 아악이 새롭게 부상하는 정위지음에 밀려 쇠락해가는 과정과 그 여파를 분석해 고대 중국의 아악과 《시경》의 관계를 규명한다. 특히 흥미로운 부분은 공자로부터 비롯되어 지배 계층의 지탄의 대상이 되었던 정위지음의 실상을 《시경》을 통해 보다 구체적으로 밝히고 그 긍정적 의미를 부각해 정리했다는 점이다.

(2) 중국 자료

蔣孔陽, 《先秦音樂美學思想論稿》(北京 : 人民文學出版社, 1988)

이 책은 9편의 논문으로 구성되었으며 마지막에 《예기·악기》의 음악 미학 사상을 다루고 있다. 상고 시대 음악의 지위와 작용, 선진 시대의 예악 제도, 음양오행과 춘추 시대, 공자, 맹자, 순자, 노자·장자, 묵자, 한비자韓非子·상앙商鞅 등의 음악 미학 사상을 다루고 있다.

蔡仲德 注譯,《中國音樂美學史》(北京 : 人民音樂出版社, 1993)

이 책은 서론과 본론(맹아 시기, 백가쟁명 시기, 양한 시기, 위진~수당 시기, 송원명청 시기), 결론 등 총 42장으로 되어 있고, 부록으로 중국 음악 미학사 논문 색인까지 무려 830여 쪽에 달하는 방대한 분량으로 이루어져 있다. 본론에서 맹아 시기에는 공자 이전의 음악 미학 사상, 공자, 묵자, 맹자,《노자》,《장자》, 순자, 상앙·한비,《관자》·《여씨춘추》, 기타 유가 경전 중의 음악 미학 사상 등이, 양한 시기에는 《신어》·《신서》·《한시외전》,《회남자》, 동중서,《악기》,《사기》,《예기》,《한서》 등의 음악 미학 사상이, 위진에서 수당 시기에는 왕필王弼, 완적, 혜강, 도잠陶潛, 양견楊堅·이세민李世民, 백거이白居易 등의 음악 미학 사상이, 송원명청 시기에는 범중엄范仲淹·구양수歐楊修·사마광司馬光·왕안석王安石·소식蘇軾, 주돈이周敦頤·장재張載·주희, 이지李贄, 장기張琦, 서상영徐上瀛, 왕양명·왕부지, 이어李漁·서대춘徐大椿 등의 음악 미학 사상이 수록되어 있다.

한흥섭 moonriverwind@hanmail.net

고려대 철학과를 졸업하고 홍익대 대학원 미학과에서 이경怡耕 조요한 선생님의 지도로 석사 학위논문 〈장자의 예술정신〉과 박사 학위논문 〈혜강의 '성무애락론' 연구〉를 썼다. 졸업 후 홍익대, 국민대, 한양대, 한국예술종합학교, 고려대 등에서 철학과 미학, 음악(국악) 관련 강의를 했으며 현재는 홍익대학교 인문과학연구소 연구교수로 재직 중이다.

저서로《중국 도가의 음악 사상》,《장자의 예술 정신》,《악기로 본 삼국시대 음악 문화》,《한국의 음악 사상》,《우리 음악의 멋 풍류도》,《한국 고대 음악 사상》 등이 있고, 옮긴 책으로는《성무애락론》,《혜강집》 등이 있다. 주요 논문은 〈삼국의 악기 수용에 관한 음악 사상적 고찰〉, 〈조선 초의 음악 사상과 그 양상〉, 〈향가와 한국의 전통 음악〉, 〈풍류도와 한국 전통 음악의 연관성〉, 〈고구려 문화 전통과 거문고〉,《삼국사기》악지에 나타난 음악 사상〉, 〈한국 음악 철학의 연구 현황과 그 전망〉,《고려사》에 나타난 팔관회의 음악 양상 및 그 사상적 배경에 관한 고찰〉 등이 있다.

예기 · 악기

초판 1쇄 발행 2007년 5월 10일
개정 1판 1쇄 발행 2021년 12월 15일
개정 1판 2쇄 발행 2023년 5월 31일

지은이 작자 미상
옮긴이 한흥섭

펴낸이 김현태
펴낸곳 책세상
등록 1975년 5월 21일 제2017-000226호
주소 서울시 마포구 잔다리로 62-1, 3층(04031)
전화 02-704-1251
팩스 02-719-1258
이메일 editor@chaeksesang.com
광고·제휴 문의 creator@chaeksesang.com
홈페이지 chaeksesang.com
페이스북 /chaeksesang **트위터** @chaeksesang
인스타그램 @chaeksesang **네이버포스트** bkworldpub

ISBN 979-11-5931-804-7 04080
          979-11-5931-221-2 (세트)